Sophie Wright

COOK *it* EASY

Stressfrei kochen und genießen

Sophie Wright

COOK *it* EASY

Stressfrei kochen und genießen

Fotos von Kate Whitaker

vgs EGMONT

Dieses Buch ist allen gewidmet,
die mich unterrichtet und inspiriert haben.

Originalausgabe »Easy Peasy. Laid-back Food for Lazy Days«
Erstveröffentlichung: Kyle Cathie Limited, London 2008

Deutschsprachige Ausgabe:
© 2009 vgs
verlegt durch EGMONT Verlagsgesellschaften mbH,
Gertrudenstr. 30-36, 50667 Köln

1. Auflage
Aus dem Englischen von Jacqueline Dubois
Umschlaggestaltung: ZERO Werbeagentur, München
Umschlagfotos: © Kate Whitaker
Lektorat: Ulrike Kraus, Köln
Layout: Nicky Collings
Illustrationen: Aaron Blecha
Satz: Hans Winkens, Wegberg
Redaktion: Yvonne Tiedt
Produktion: Simone Nauerth
Druck: SNP Leefung, China
ISBN 978-3-8025-3682-3

www.vgs.de

Inhalt

EINLEITUNG

Leichte Kochrezepte passen perfekt in unseren hektischen, oft turbulenten Alltag. Ein aufwendiges gastronomisches Meisterwerk mit 20 exotischen Zutaten zuzubereiten ist äußerst befriedigend – aber wer hat schon wirklich immer Zeit und Lust dazu?

Ich habe nicht vor, meine Leser durch irgendwelche Zutaten oder Techniken, von denen sie noch nie gehört haben, abzuschrecken. Stattdessen möchte ich selbst dem unerfahrensten Küchenbenutzer zeigen, wie leicht Kochen zu einem Teil des Alltags werden kann. Keine Sorge, wenn einmal etwas misslingt – wie soll man sonst etwas lernen?

Ich glaube fest daran, dass die einfachsten Dinge im Leben oft die besten sind. Experimentieren Sie am Wochenende, wenn mehr Zeit ist, ruhig mit komplizierten Sachen. Ansonsten konzentrieren Sie sich auf schnelle, einfache und dennoch leckere Rezepte!

Viele Menschen glauben, Kochen sei sehr schwierig – aber das ist wirklich ein Märchen! Alles, was notwendig ist, sind ein gesunder Menschenverstand und ein bisschen Vorbereitung. Ich möchte, dass Sie beim Durchblättern des Buchs denken: »Das kann ich auch!« Oder noch besser: »Das will ich auch mal probieren!« Kochen bedeutet längst nicht, den ganzen Tag an den Herd gefesselt zu sein! Es geht darum, Familie und Freunde zusammenzubringen. Essen ist etwas sehr Geselliges.

Wer über ein ausgeprägteres Selbstvertrauen verfügt, kann dieses Buch als Quelle der Inspiration nutzen. Nach Geschmack und Belieben können Zutaten weggelassen oder ersetzt werden. Wichtig ist, sich nicht von irgendwelchen angeblichen Regeln in Ketten legen zu lassen. Hier finden sich genug Tipps und Tricks, damit alles gelingt.

Ich hoffe, dieses Buch regt dazu an, Dinge auszuprobieren, die man sonst nicht kochen würde. Neben den »normalen« Gerichten sind hier sicher auch ein paar Rezepte enthalten, die eine echte Herausforderung darstellen!

Meine Küche ist von vielen Einflüssen geprägt: von meinen Reisen, aber auch von den einfachen, doch trotzdem köstlichen Mahlzeiten, deren Rezepte meine Mutter und meine Großmutter an mich weitergegeben haben. Ich hoffe, ich kann Sie dazu inspirieren, am Sonntagmorgen einen tollen Brunch vorzubereiten, von dem Sie den ganzen Tag etwas haben ... oder wenigstens bis zum Mittagessen.

Gehen Sie es locker an, öffnen Sie eine schöne Flasche Wein und entspannen Sie sich! Lassen Sie sich Zeit, denn darum sollte es beim Kochen eigentlich gehen ...

Sophie x

GRUNDAUSSTATTUNG

Sie müssen kein Vermögen für die richtige Küchenausstattung ausgeben. Wichtig ist die Wahl qualitativ hochwertiger Produkte, lassen Sie sich bloß nicht von den ganzen Spielereien »einwickeln«! Hier sind die Dinge, die jeder Koch benötigt, um sich das Leben leichter zu machen:

Schneidebrett
Ein hochwertiges Holzbrett sieht in der Küche nicht nur toll aus, sondern erleichtert auch das Schneiden von Zutaten. Ein schweres Brett verrutscht nicht so stark wie ein leichtes Plastikbrett. Um das Risiko von Lebensmittelvergiftungen zu verringern, sollte man für rohes Fleisch und rohen Fisch ein separates Brett benutzen.

Hochwertige Messer
Ein scharfes Messer ist ein sicheres Messer. Ein stumpfes Messer macht Zutaten und Finger kaputt. Außerdem dauert die Schneidearbeit damit doppelt so lang. Tun Sie sich selbst einen Gefallen und investieren Sie in die Anschaffung einiger guter Messer. Es muss nicht gleich ein ganzer Messerblock sein, aber denken Sie auch an einen Wetzstahl zum Schärfen!

Backbleche und Bräter
Eine vernünftige Ausstattung ist hier unerlässlich. Hier lohnt es sich, etwas mehr Geld auszugeben – diese Sachen halten praktisch ewig.

Küchenhelfer
Kochbesteck aus Silikon verhindert, dass beschichtete Pfannen zerkratzen. Für den Anfang benötigen Sie einen kleinen und einen großen Pfannenwender, eine Zange mit gummibeschichteten Spitzen und einen mittelgroßen Schneebesen.

Spar-/Schnellschäler
Altertümliche Kartoffelschäler sollten verboten werden! Mit Spar-/Schnellschälern kann man alles Mögliche anstellen, vom normalen Karottenschälen bis zum Herstellen von Gurkenspiralen.

Beschichtete Pfanne
Damit gehören an der Pfanne haftender Fisch und festgebackene Steaks der Vergangenheit an.

Auflaufform mit Deckel
Die Investition in eine schwere, feste Auflaufform lohnt sich allemal. Sie wird zum besten Freund, und schon bald wissen Sie nicht mehr, wie Sie ohne eine solche leben konnten.

Gute Reibe
Eine Reibe mit möglichst scharfer Reibefläche, die sich für Knoblauch, Ingwer, Zitronenschale oder auch Käse eignet.

Beschichtete Kastenform
Geeignet nicht nur zum Brot- oder Kuchenbacken, sondern auch zum Terrinenzubereiten usw.

Beschichteter Tortenring
Kaufen Sie eine Springform mit abnehmbarem Boden, damit der perfekte Tortenboden nicht kaputtgeht.

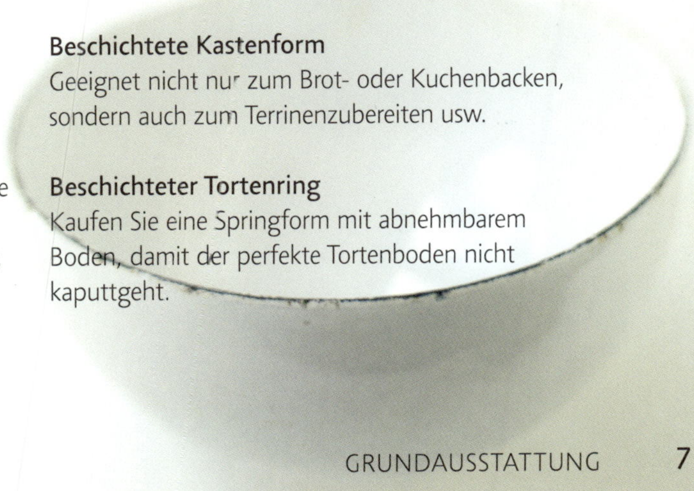

Brunch

Die beste Mahlzeit des Tages. Ein Brunch sollte nicht auf die paar Stunden am Vormittag beschränkt sein – brunchen Sie nach Lust und Laune. Beginnen Sie ein faules Wochenende mit einem dieser leckeren Vorschläge, egal, ob Sie sich für ein saftiges Wurstsandwich oder für ein Müsli mit Früchten entscheiden. »Je üppiger, desto besser« ist mein Motto für den Morgen. Ideal passen dazu eine Kanne Kaffee und frisch gepresster Fruchtsaft.

BLAUBEER-BANANEN-PFANNKUCHEN

Ein leckeres, aber nicht völlig ungesundes Frühstück. Die Pfannkuchen sind zwar süß, passen aber auch fantastisch zu herzhafteren Frühstücksideen, warum also nicht einmal Speck und Eier zur Banane? (Die alte braune Banane, die einsam und verlassen in der Obstschale liegt, eignet sich übrigens prima für dieses Rezept.) Abrunden lässt sich das Ganze mit Ahornsirup und einem Löffel Crème fraîche.

FÜR 6–8 STÜCK

250 g Mehl
2 TL Backpulver
1 Prise Salz
1 EL Zucker
2 Eier
1 Tropfen Vanilleextrakt
1 reife Banane (zerdrückt)
Etwa 300 ml Milch
1 große Handvoll Heidelbeeren
1 EL Pflanzenöl
50 g Butter

1 Das Mehl in eine Schüssel sieben. Backpulver, Salz und Zucker untermischen. Die Eier und den Vanilleextrakt in die Schüssel geben und das Ganze mit einem Schneebesen langsam verrühren. Je langsamer gerührt wird, desto weniger Klümpchen bilden sich.

2 Zuerst die Banane und dann nach und nach die Milch unterrühren (je nach gewünschter Konsistenz ist etwas mehr oder weniger Milch nötig). Dies sind Pfannkuchen nach amerikanischer Art, die in der Pfanne ihre Form behalten sollen. Deshalb sollte der Teig eher dick sein. Zuletzt kommen die Blaubeeren in die Mischung.

3 Das Öl und die Butter in einer großen beschichteten Pfanne bei mittlerer Hitze erhitzen. Jede Pfannenfüllung sollte aus etwa drei 10 cm großen Pfannkuchen bestehen. Nicht zu viele Teigkleckse gleichzeitig hineingeben, sonst laufen sie ineinander.

4 Ein großer, voller Löffel Teig ergibt einen Pfannkuchen. Die Pfannkuchen sollen so rund wie möglich sein. Achtung: Die Blaubeeren platzen in der heißen Pfanne auf!

5 Jeden Pfannkuchen etwa 2 Minuten backen, bzw. bis er anfängt, Blasen zu werfen. Dann umdrehen und 1 weitere Minute backen.
Die fertigen Pfannkuchen sollten goldbraun und leicht »aufgeplustert« sein.

6 Während der Rest des Teiges verbraucht wird, die fertigen Pfannkuchen auf einem Teller, mit Alufolie abgedeckt, warm halten.

TIPP

Wenn es darum geht, Pfannkuchen zu backen, sind alle Mengenangaben relativ, da jede Mehlsorte Flüssigkeit anders absorbiert. Der Teig ist perfekt, wenn er den Löffel ganz bedeckt, sich aber trotzdem gut löst. Wichtig ist, darauf zu achten, dass sich keine Klümpchen bilden. Eine beschichtete Pfanne macht zudem alles viel einfacher.

SÜSSER ZIGEUNERTOAST

Meine Oma vertröstete uns mit dieser herzhaften Toastvariante öfter, wenn wir aus der Schule kamen und das eigentliche Essen noch eine Weile auf sich warten ließ. Am liebsten ertränkten wir den Toast damals in einer Riesenmenge Ketchup. Heute bevorzuge ich die süße Alternative. Für dieses Gericht – und wirklich nur hierfür – ist »labberiges« Weißbrot die ideale Grundlage. Man kann problemlos zwei Scheiben essen, deshalb ist das Rezept für vier Personen ausgelegt.

FÜR 4 PERSONEN

FÜR DAS BROMBEERPÜREE
120 g Brombeeren
2 EL Puderzucker
1 EL Wasser

8 Streifen Frühstücksspeck
1 Handvoll Pekannüsse

FÜR DEN TOAST
4 Eier (verquirlt)
300 ml Milch
100 g Zucker
1 Prise Salz
50 g Butter
1 EL Pflanzenöl
8 Scheiben Weißbrot

1 Für das Brombeerpüree die Hälfte der Brombeeren und den Zucker mit einem Mixer bzw. einem Pürierstab pürieren. Falls die Mischung nicht süß genug ist, zusätzlichen Zucker hinzugeben. Das Wasser zufügen und das Ganze anschließend durch ein Sieb streichen, um die Brombeerkerne zu entfernen.

2 Für den Toast die verquirlten Eier mit Milch, Zucker und Salz verrühren. Einen Teil der Butter und das Öl in einer großen beschichteten Pfanne bei mittlerer Temperatur erhitzen. Die Brotscheiben nacheinander in der Eimischung wälzen. Sobald das Öl heiß genug ist, die Scheiben einzeln von beiden Seiten goldbraun braten; nach und nach die restliche Butter in die Pfanne geben. Das Braten dauert insgesamt etwa 2–3 Minuten. Achtung: Das heiße Öl kann spritzen! Die fertigen Scheiben warm halten.

3 In der Zwischenzeit den Speck knusprig braten. Vor dem Servieren jede Scheibe Toast mit einem Streifen Speck belegen. Abschließend das Ganze mit ein paar Pekannüssen bestreuen, mit dem Brombeerpüree beträufeln und mit den restlichen Brombeeren garnieren.

TIPP

Für dieses Gericht eignet sich jeder Brotrest. Brioches und Croissants sind fantastisch, aber es funktioniert auch mit normalen Brötchen. Sogar ein gebratenes Marmeladenbrot schmeckt super.

DIE GESUNDE ALTERNATIVE: MÜSLI

Müsli und frisches Obst sind die beste Wahl für einen erfolgreichen Start in den Tag. Müsli lässt sich selbst herstellen und wochenlang aufbewahren, ebenso wie die gekauften Sorten. Der Vorteil ist, dass man so genau auswählen kann, was einem am besten schmeckt. In den Fertigmischungen ist immer etwas enthalten, was ich nicht mag – zum Beispiel diese grauenhaften Stückchen vertrockneter Kokosnuss ganz unten in der Tüte. In diesem Rezept kommt kein Weizen vor, daher eignet es sich prima für alle, die ihren Weizenkonsum einschränken wollen.

500 g Haferflocken
500 g Gerstenflocken

WAS IMMER MAN VON DEN FOLGENDEN ZUTATEN BEVORZUGT, KLEINE MENGEN NEHMEN
Saftige Sultaninen
Getrocknete Mangostücke
Sonnenblumenkerne
Mandelblättchen
Pekannüsse
Getrocknete Aprikosen (gehackt)

ZUSÄTZLICH ALLES, WAS MAN VON DEM FOLGENDEN MAG, BZW. ANDERE FRÜCHTE
Frische Erdbeeren
Frische Himbeeren
Frische Birne (in Stücke geschnitten)
Frische Kiwi (in Stücke geschnitten)
Frische Mango (in Stücke geschnitten)

2–3 EL Naturjoghurt
Etwas Milch
Honig zum Beträufeln

1 Die Hafer- und Gerstenflocken gut mischen und die ausgewählten getrockneten Zutaten dazugeben. Größere Mengen lassen sich gut vorbereiten und aufbewahren. Direkt vor dem Servieren die frischen Obstsorten hinzufügen.

2 Alle Zutaten gut vermischen. Dann den Joghurt und die Milch hinzugeben. Abschließend das Müsli mit etwas Honig beträufeln.

TIPP Als leckere süße Variante bietet sich eine reichhaltige Schokoladensoße (siehe S. 157) an, die zusammen mit einer zerdrückten Banane auf die Crêpes gestrichen wird.

CRÊPES MIT RICOTTA, BASILIKUM UND PINIENKERNEN

Ricotta eignet sich hervorragend für ein Rezept wie dieses, denn er schmeckt nicht zu intensiv. Beim Erwärmen schmilzt der Frischkäse, wird im Gegensatz zu anderen Sorten aber nicht klebrig, sondern zerläuft und ergibt eine leckere Soße.

FÜR 4 PERSONEN

FÜR DIE CRÊPES
5 EL Mehl
2 Eier
100 ml Milch
Salz und schwarzer Pfeffer (frisch gemahlen)
50 g Butter

FÜR DIE FÜLLUNG
100 g Pinienkerne
200 g Ricotta
Schale (abgerieben) und Saft einer Zitrone
1 Bund Basilikum

1 Das Mehl in eine Schüssel sieben und eine Mulde in die Mitte drücken. Die Eier in die Mulde geben und anschließend mit einem Schneebesen gut mit dem Mehl verrühren. Darauf achten, dass sich keine Klümpchen bilden. Nach und nach die Milch hinzugeben, bis der Teig glatt ist. Er sollte die Konsistenz flüssigen Joghurts haben. Ist der Teig zu dick, noch etwas mehr Milch hinzufügen. Dann den Teig mit Salz und Pfeffer abschmecken.

2 Für die Füllung die Pinienkerne in einer trockenen Pfanne goldbraun rösten. Vorsicht, die Pinienkerne verbrennen leicht! Den Ricotta zusammen mit der Zitronenschale und dem Zitronensaft in eine Schüssel geben. Das Basilikum zerrupft und ohne Stängel unter den Ricotta heben. Bevor die Pinienkerne zugefügt werden, die Käsefüllung mit Salz und Pfeffer abschmecken.

3 Etwas Butter in einer beschichteten Pfanne erhitzen. Ist die Butter heiß genug, den Crêpeteig kellenweise hineingeben. Anschließend die Pfanne sofort schwenken, damit sich der Teig gleichmäßig verteilt! Nach etwa 30 Sekunden die Unterseite der Crêpes kontrollieren. Ist sie goldbraun, umgehend wenden. Zuletzt einen gehäuften Löffel der Käsemischung auf den fertig gebackenen Teig geben und gleichmäßig verteilen. Abschließend die Crêpe erst halb und dann noch einmal zusammenklappen, sodass ein hübsches Dreieck entsteht.

HIMBEER-PFIRSICH-MUFFINS

Muffins eignen sich toll zu einem ausgedehnten Brunch – sie sind weich und saftig, klebrig und lecker. Sie sind sicher nichts, was man jeden Tag serviert, aber hin und wieder darf man sie sich schon einmal gönnen. Das Backen von Muffins ist nicht so zeitraubend, wie man vielleicht denkt. Tatsächlich geht dies recht schnell – und in der Küche duftet es einfach himmlisch.

FÜR 12 STÜCK

2 Eier
100 g weißer Zucker
100 g brauner Zucker
275 ml Milch
120 ml Pflanzenöl
375 g Mehl
2 TL Backpulver
1 Prise Salz
120 g Himbeeren (gewaschen und verlesen)
2 Pfirsiche (gehäutet, entsteint und geschnitten bzw. 4 halbe Dosenpfirsiche)

1 Den Backofen auf 180 °C (Gas Stufe 4) vorheizen.

2 Die Eier zusammen mit den beiden Zuckersorten, der Milch und dem Öl in eine große Schüssel geben und mit einem Schneebesen schaumig schlagen. Je schaumiger die Mischung ist, desto lockerer werden später die Muffins.

3 Das Mehl mit dem Backpulver und dem Salz in eine zweite Schüssel sieben. Anschließend das Mehl löffelweise vorsichtig unter die Eimischung heben, sodass möglichst viel Luft im Teig verbleibt. Nun kommen noch die Früchte hinzu.

4 Die zwölf Vertiefungen eines Muffinblechs mit Papierförmchen auslegen. Diese bis zum Rand mit Teig füllen. Dann geht das Blech für etwa 25 Minuten in den vorgeheizten Backofen. Die Muffins sind fertig, wenn an einem Holzspieß beim Herausziehen keine Teigreste kleben bleiben.

5 Die Muffins aus der Form lösen und abkühlen lassen – falls man so lange warten kann.

TIPP

Beim Backen besser keine Umluft verwenden, weil dies die Muffins austrocknen kann.

DAS GAR NICHT VORNEHME SANDWICH

Es ist unmöglich, dieses Sandwich zu essen, ohne sich dabei zu bekleckern, aber ich esse es trotzdem am liebsten im Schlafanzug! Gemäß meiner Grundregel kann man nach 24 Uhr jederzeit frühstücken, und ganz besonders gut um drei Uhr morgens, nach der Rückkehr vom Zug um die Häuser. Dieses Sandwich ist mein absoluter Favorit – die Klassiker sind doch immer am besten. Ich empfehle, stets einen Vorrat an guten Bratwürsten eingefroren zu haben, falls man sie einmal ganz dringend um drei Uhr morgens benötigt.

FÜR 4 PERSONEN

8 dicke Scheiben Sauerteigbrot
3–4 EL Olivenöl und etwas Öl extra zum Beträufeln
2 große rote Zwiebeln (geschält, in Ringe geschnitten)
2 TL Zucker
Salz und schwarzer Pfeffer (frisch gemahlen)
2 EL Aceto Balsamico
8 mittelgroße Bratwürste
8 kleine Eiertomaten (halbiert)
1 EL Wasser
3 große Handvoll Rucola
Senf

1 Jede Brotscheibe leicht mit Olivenöl beträufeln und unter dem Grill im Ofen von beiden Seiten rösten.

2 1 EL Öl in der Pfanne erhitzen. Darin die Zwiebeln anschwitzen. Sobald sie eine schöne Farbe haben, die Hälfte des Zuckers, 1 Prise Salz, etwas Pfeffer und die Hälfte des Aceto Balsamicos dazugeben. Das Ganze soll etwa 3–4 Minuten köcheln.

3 In einer zweiten Pfanne in 1 EL Öl die Würste anbraten. Sobald sie schön braun sind, die Hitze herunterdrehen; die Würste bleiben aber noch 6–8 Minuten in der Pfanne.

4 Die Tomatenhälften zusammen mit dem Wasser sowie dem restlichen Zucker und Balsamico zu der Zwiebelmischung geben. Das Ganze noch einmal abschmecken und dann leicht einkochen lassen.

5 Zum Servieren die Bratwürste längs halbieren. Vier Scheiben Brot mit der Zwiebel-Tomaten-Mischung belegen. Darauf kommen die Wursthälften und je eine Handvoll Rucola. Anschließend das Ganze mit Öl beträufeln und mit der zweiten Scheibe Brot, die dick mit Senf bestrichen wird, zudecken.

RÜHREI MIT RÄUCHERLACHS

AUF SELBST GEBACKENEN ENGLISCHEN MUFFINS MIT SCHNITTLAUCH-HOLLANDAISE

FÜR 4 PERSONEN

FÜR DIE MUFFINS
6 g Trockenhefe
½ TL Zucker
120 ml lauwarme Milch
225 g Mehl
1 Prise Salz
1 EL Pflanzenöl zum Braten

Sauce hollandaise (siehe S. 152)
Schnittlauch (klein geschnitten)
1 Spritzer Zitronensaft

FÜR DAS RÜHREI
8 große Eier
40 g Butter (in kleine Würfel geschnitten, und etwas Butter extra zum Bestreichen)
2 EL Sahne
Salz und schwarzer Pfeffer (frisch gemahlen)
8 Scheiben Räucherlachs (es lohnt sich, nicht unbedingt den billigsten zu kaufen)

1 Zuerst werden die Muffins gebacken. Dazu die Hefe und den Zucker in der warmen Milch auflösen.

2 Das Mehl in eine große Schüssel sieben und das Salz hinzugeben. In die Mitte eine Mulde drücken und die Hefemilch hineingießen. Alles mit den Händen gut vermischen, bis die Konsistenz teigartig wird. Dann die Schüssel abdecken und den Teig an einem warmen Ort 30 Minuten gehen lassen (bzw. bis sich die Teigmenge verdoppelt hat).

3 Die Arbeitsfläche gut einmehlen, den Teig noch einmal kräftig durchkneten, etwa 1 cm dick ausrollen und acht Kreise mit einem Durchmesser von je 6–8 cm ausstechen.

4 Das Öl in einer beschichteten Pfanne erhitzen und die Muffinscheiben (ggf. nacheinander) bei sehr niedriger Hitze 5–7 Minuten auf jeder Seite goldbraun braten.

5 In der Zwischenzeit die Sauce hollandaise zubereiten, zuletzt den Schnittlauch und den Zitronensaft zufügen und die Soße beiseitestellen.

6 Für das perfekte Rührei die Eier in eine Pfanne schlagen und die Hälfte der gewürfelten Butter zugeben. Das Ganze mit einem Pfannenwender vorsichtig verrühren, bis das Ei zu stocken beginnt. Die Pfanne dabei immer wieder vom Herd nehmen, damit das Ei nicht zu heiß und trocken wird.

7 Sobald das Rührei die gewünschte Konsistenz hat – ich mag es gern recht feucht –, die Sahne und die restliche Butter zugeben. Das sorgt nicht nur für zusätzliche Reichhaltigkeit, sondern stoppt auch den Garvorgang. Mit viel Salz und Pfeffer abschmecken.

8 Zum Servieren die leicht abgekühlten Muffins aufschneiden und toasten. Mit etwas Butter bestreichen und das Ei daraufgeben, gefolgt von einer Scheibe Räucherlachs und einem ordentlichen Löffel Sauce hollandaise.

TIPP Eier sollten niemals vor dem Braten gewürzt werden – sie verlieren an Geschmack und Konsistenz. Immer erst das fertige Rührei würzen.

WEICH GEBACKENES ENTENEI

MIT SPINAT, SPECK, SAUTIERTEN PILZEN UND GEBUTTERTEM TOAST

Weiche, flüssige Eier sind mit das Beste, was es gibt! Ich liebe Enteneier, weil sie viel reichhaltiger als Hühnereier sind und auch mehr Eigelb haben, in das man Brot tunken kann.

FÜR 4 PERSONEN

50 g Butter und etwas Butter extra zum Einfetten
Salz und schwarzer Pfeffer (frisch gemahlen)
4 Streifen Frühstücksspeck (gewürfelt)
400 g Babyspinat
4 Enteneier
6 braune Champignons (in Scheiben geschnitten)
1 Knoblauchzehe (fein gerieben)

ZUM SERVIEREN
Einige Scheiben Brot nach Geschmack (getoastet, in Streifen geschnitten)
Butter zum Bestreichen

1 Für dieses Rezept sind vier kleine, hitzebeständige Schälchen notwendig. Die Schälchen sorgfältig einfetten und mit Salz und Pfeffer bestreuen.

2 Den Ofen auf 180 °C (Gas Stufe 4) vorheizen.

3 Den Speck in einer Pfanne knusprig braten und anschließend auf Küchenpapier abtropfen lassen.

4 In der Speckpfanne etwas Butter schmelzen lassen und den Spinat darin schwenken. Mit reichlich Salz und Pfeffer würzen. Den fertigen Spinat auf Küchenpapier geben und gut ausdrücken, um das Wasser herauszupressen.

5 Den Boden jedes Schälchens mit Spinat auslegen. Darauf den Speck geben. In jedes Schälchen ein Ei schlagen und das Ganze 4–5 Minuten im vorgeheizten Ofen backen (je nach gewünschter Konsistenz des Eigelbs).

6 In der Zwischenzeit die restliche Butter schmelzen und darin die Pilze sautieren, das heißt kurz und scharf anbraten und dabei schwenken. Den Knoblauch und etwas Pfeffer hinzugeben. Vor dem Servieren die Pilze über die Eier geben. Dazu dick mit Butter bestrichene Toaststreifen servieren.

FRANZÖSISCHES FRÜHSTÜCK

… NA JA, NICHT WIRKLICH

Heißer Schinken und geschmolzener Käse machen ein Croissant noch viel leckerer. Es gibt nichts Befriedigenderes, als einen der kleinen kulinarischen Luxusartikel noch aufzuwerten, und da ich es gern herzhaft mag, kann ich mir keine bessere Variante vorstellen als diese.
Normalerweise dauert die Zubereitung dieses Gerichts etwas länger, was in Ordnung ist, wenn man Zeit dazu hat. Aber oft möchte ich gerade morgens nicht ewig in der Küche stehen, deshalb habe ich mir diese schnellere Alternative ausgedacht. Falls Sie aus Frankreich stammen, sollten Sie das Buch jetzt besser zuklappen …
Eigentlich muss man hierfür eine Roux, also eine Mehlschwitze aus Mehl, Butter und Milch, zubereiten. Ich verwende stattdessen Mascarpone und etwas Sahne. Wen stören schon die paar Extrakalorien?

FÜR 2 PERSONEN

100 g Mascarpone
2 EL Sahne
150 g Gruyère (Schweizer Hartkäse, gerieben)
Salz und schwarzer Pfeffer (frisch gemahlen)
1 Eigelb
25 g Butter
6 braune Champignons (in Scheiben geschnitten)
4 Croissants
4 Scheiben Parma- oder Serranoschinken

1 Den Mascarpone mit der Sahne in einem Topf aufkochen lassen. Die Hälfte des Gruyères hinzugeben, mit Salz abschmecken und abkühlen lassen. Nach dem Abkühlen das Eigelb sorgfältig unterrühren.

2 Die Butter in einer Pfanne erhitzen. Die Pilze darin anschwitzen und mit Salz und Pfeffer abschmecken.

3 Die Oberseite der Croissants abschneiden und einen Löffel der Creme auf die Unterseite geben, gefolgt von einer Scheibe Schinken, ein paar sautierten Pilzen, noch etwas Creme und Käse.

4 Die Croissants unter den Grill im Backofen stellen, bis der Käse geschmolzen und die Creme leicht glasiert ist. Sofort servieren.

Die leckere Lunchbox

Ich möchte selbst so richtig schwer beschäftigte Menschen dazu ermutigen, besser zu essen. Nicht nur abends, sondern auch mittags. Wenn es um das Mittagessen geht, haben viele von uns furchtbar schlechte Angewohnheiten. Meist bleiben wir an der Kaffee-Kohlehydrate-Kombination hängen.
Wie wär's, sich einmal einen schönen Salat mitzunehmen? Oder vielleicht lieber Gemüse mit ein paar gesunden Dips? Zum Nachtisch gibt es dann noch einen selbst gemachten Müsliriegel statt eines Schokoriegels aus dem Supermarkt. Wer weiß, vielleicht färbt solch gesundes Essverhalten ja sogar auf die Kollegen ab?

ENDIVIENSALAT MIT BIRNE, PANCETTA UND GERÖSTETEN PINIENKERNEN

Allzu oft nimmt man sich einen Salat mit ins Büro, nur um mittags festzustellen, dass er sich in einen unappetitlichen, matschigen Brei verwandelt hat. Dieser Salat hingegen ist klasse – er ist gehaltvoll und bleibt lange knackig frisch. Roter Endiviensalat ist eine tolle Zutat: Er ist eine Mischung aus Chicorée und Radicchio di Treviso. Solange die Salatsoße erst kurz vor dem Verzehr über den Salat gegeben wird, ist er garantiert auch zum Mittagessen noch frisch und knackig.

FÜR 1 HUNGRIGE PERSON

1 ungeschälte Birne (entkernt)
1 Kopf roter Endiviensalat (Ende abgeschnitten)
1 Handvoll Pinienkerne
100 g geräucherter Pancetta (gewürfelt)
1 halbe Handvoll Kerbel (gehackt)
Fenchelkraut

FÜR DAS DRESSING
2 EL Sherryessig
1 EL Honig
1 TL körniger Senf
3 TL Olivenöl (extra vergine)
1 Prise Salz

1 Die Birne in acht Spalten schneiden und das Kerngehäuse entfernen. Die Stücke dürfen nicht zu klein sein, sonst werden sie matschig und verfärben sich.

2 Die einzelnen Endivienblätter abziehen, waschen und mit der Birne mischen.

3 Die Pinienkerne in einer trockenen Pfanne rösten. Sobald die Kerne anfangen zu duften, müssen sie aus der Pfanne! Den Pancetta in die Pfanne geben, knusprig braten und anschließend abkühlen lassen. Dann den Pancetta zusammen mit dem grob gehackten Kerbel und dem Fenchelkraut unter den Salat mischen.

4 Für das Dressing alle Zutaten gut miteinander vermischen. Nicht zu viel Salz zugeben, da der Pancetta bereits recht salzig ist. Die fertige Soße in ein Glas mit Schraubverschluss geben.

5 Salat und Dressing separat transportieren und erst kurz vor dem Essen mischen.

LUNCHBOXDIPS

Dips eignen sich prima als Zwischenmahlzeit oder zum Mittagessen. Es gibt unzählige Varianten mit Einflüssen aus der ganzen Welt, und dies ist eine kleine Auswahl meiner Favoriten. Wenn es Ihnen so geht wie mir, werden Sie sich kaum zwischen ihnen entscheiden können! Falls etwas übrig bleibt, halten sich diese Dips – in einem luftdichten Behälter verschlossen – im Kühlschrank etwa drei Tage.

BUTTERNUTKÜRBIS-HONIG-DIP

Seine Süße lässt vergessen, dass dieser Kürbis ein gesundes Gemüse ist. Als Dip passt er perfekt zu rohem Gemüse; als heißes Püree gibt er eine tolle Beilage zum Essen ab. Richtig gekochter Butternutkürbis ist so samtig und buttrig, da kann kein anderes Gemüse mithalten.

FÜR 4 PERSONEN

2 kleine oder 1 großer Butternutkürbis
2 Thymianzweige
1 Prise Meersalz
Schwarzer Pfeffer (frisch gemahlen)
½ TL Kreuzkümmel (gemahlen)
1–2 EL Honig
3 EL Olivenöl

1 Den Ofen auf 180 °C (Gas Stufe 4) vorheizen.

2 Den Butternutkürbis schälen. Am leichtesten geht das mit einem Sparschäler. Dann den Kürbis längs halbieren und die Kerne mit einem Löffel herausschaben. Anschließend den Kürbis in etwa 2,5 cm große Würfel schneiden und auf ein Backblech legen.

3 Die Thymianblätter von den Zweigen abstreifen und zusammen mit Salz, Pfeffer und Kreuzkümmel über die Kürbiswürfel streuen. Nun den Honig gefolgt vom Öl darüberträufeln. Sobald der ganze Kürbis gut bedeckt ist, das Backblech für etwa 20–30 Minuten in den vorgeheizten Ofen schieben. Darauf achten, die Temperatur etwas herunterzudrehen, sobald der Honig anfängt zu karamellisieren. Wird der Honig an den Rändern etwas dunkler, macht das nichts, da dies nur seinen Geschmack intensiviert.

4 Um zu prüfen, ob der Kürbis gar ist, einfach mit einem Messer hineinstechen. Geht das ganz einfach, kann er aus dem Ofen genommen werden. Abschließend den Kürbis mit einem Mixer grob pürieren. Falls das Ganze zu dick wird, etwas mehr Olivenöl hinzufügen.

AUBERGINENDIP (BABA GHANOUSH)

FÜR 4–6 PERSONEN (JE NACH HUNGER)

3–4 Auberginen (je nach Größe)
2 EL Olivenöl
2 Knoblauchzehen (zerdrückt)
Saft von 2 Zitronen
2 TL Tahini (Sesampaste, in Feinkost- oder Asialäden erhältlich)
½ TL Kreuzkümmel (gemahlen)
Salz und schwarzer Pfeffer (frisch gemahlen)
1 winzige Prise Cayennepfeffer

1 Den Ofen auf 180 °C (Gas Stufe 4) vorheizen.

2 Die Auberginen mit etwas Olivenöl einreiben, auf ein Backblech legen und etwa 35 Minuten – bzw. bis sie ganz runzlig sind – backen. Aus dem Ofen nehmen und etwas abkühlen lassen. Anschließend halbieren, das Fruchtfleisch mit einem Löffel in eine Schüssel schaben und die Schale wegwerfen.

3 Alle restlichen Zutaten zu dem Auberginenfleisch geben, gut vermischen und mit Salz, Pfeffer und wenig Cayennepfeffer abschmecken.

WÜRZIGE KIRSCHTOMATENSALSA

FÜR 4 PERSONEN

12–15 Kirschtomaten (geviertelt)
1 rote Zwiebel (so fein wie möglich gehackt)
2 EL Koriander (frisch gehackt)
2 TL Schnittlauch (fein geschnitten)
3–4 EL Olivenöl
Abgeriebene Schale und Saft von 2 Limonen
1 TL Zucker
1 große rote Chilischote (entkernt, fein gehackt)
1 Knoblauchzehe (fein gerieben)
1 Prise Meersalz
Schwarzer Pfeffer (frisch gemahlen)

1 Alle Zutaten in einer Schüssel gut mischen und abschmecken.

TIPP Man kann die Kirschtomaten auch zusammen mit roten Paprikaschoten anrösten. Vor dem Schneiden und Mischen mit den restlichen Zutaten die Häute entfernen!

HAUSGEMACHTER KRAUTSALAT MIT SCHINKENPITA

Hausgemachter Krautsalat schmeckt ganz anders als alles, was man in Geschäften kaufen kann. Die Supermarktversion ist niemals frisch und knackig genug oder viel zu überladen mit Mayonnaise, um Ihnen oder Ihren Kindern gutzutun. Ich verwende Crème fraîche; das ist leichter und gesünder.

FÜR 6 PERSONEN

FÜR DEN KRAUTSALAT

½ Weißkohl (so fein wie möglich geschnitten)
1 Karotte (geschält, gerieben)
1 Selleriestange (in dünne Scheiben geschnitten)
1 Handvoll Rosinen
1 Apfel (in dünne Streifen geschnitten)
100 g Crème fraîche
Saft von 1 Zitrone
Salz und schwarzer Pfeffer (frisch gemahlen)

ZUM SERVIEREN

6 Pitabrote
2 Handvoll Schweinshachse mit Ahornglasur (in dünne Scheiben geschnitten, siehe Rezept S. 97) oder einige Scheiben gekochter Schinken aus dem Supermarkt

1 Das Gemüse und das Obst in einer Schüssel mischen. Crème fraîche und Zitronensaft hinzugeben, alles gut verrühren und mit Salz und Pfeffer abschmecken.

2 Zum Servieren die Pitabrote aufschneiden, mit so viel Schweinshachse oder Schinken wie möglich füllen und den Krautsalat darauf verteilen.

SALAT MIT FETA, BOHNEN, ERBSEN UND MINZE

Dieser Salat ist bunt, gesund und lässt sich rasch zubereiten – perfekt zum Mitnehmen für unterwegs. Sie brauchen nur eine Schüssel, und der Salat ist in Sekunden fertig.

FÜR 2 PERSONEN

100 g Feta
100 g tiefgefrorene Erbsen
100 g dicke Bohnen (frisch oder gefroren)
½ Bund Minze
Saft von 1 Zitrone
50 ml Olivenöl
Salz und schwarzer Pfeffer (frisch gemahlen)

1 Den Feta in einen verschließbaren Behälter bröseln. Die Erbsen und Bohnen hinzugeben. Es macht nichts, wenn sie noch leicht gefroren sind; bis zum Essen sind sie längst aufgetaut.

2 Die Minzblätter zerrupfen und mit dem Zitronensaft sowie dem Olivenöl untermischen.

3 Den Salat mit Salz und Pfeffer abschmecken, den Behälter gut verschließen, und schon kann es losgehen.

GEBRATENER THUNFISCH

MIT NEUEN KARTOFFELN, SCHWARZEN OLIVEN, KAPERN, ZITRONE & PETERSILIE

Wer den ganzen Vormittag am Computer sitzt, braucht etwas, worauf er sich freuen kann. Hier ist das perfekte Mittagessen – es ist leicht, gesund und so lecker!

FÜR 2 PERSONEN

100 g kleine neue Kartoffeln
2 TL Kapern
2 EL schwarze Oliven (halbiert)
Schale (abgerieben) und Saft von 1 Zitrone plus Saft von ½ Zitrone zum Servieren
50 ml Olivenöl (extra vergine) plus etwas mehr zum Beträufeln
150 g Thunfischsteak
Meersalz und schwarzer Pfeffer (frisch gemahlen)
1 ½ Bund glattblättrige Petersilie (gehackt)

1 Die Kartoffeln in Salzwasser weich kochen und dann abgießen.

2 Kapern, Oliven, Zitronenschale, Zitronensaft und Olivenöl mit den warmen Kartoffeln mischen und das Ganze einige Zeit ziehen lassen, idealerweise über Nacht, da sich dann die Aromen voll entfalten können.

3 Eine Grillpfanne erhitzen. Den Thunfisch mit Meersalz würzen und mit Olivenöl beträufeln. Ist die Pfanne richtig heiß, den Fisch hineingeben und von jeder Seite 2–3 Minuten anbraten (je nach Geschmack). Anschließend mit Zitronensaft beträufeln und aus der Pfanne nehmen.

4 Die Petersilie unter die Kartoffeln heben und alles abschmecken. Den Thunfisch halbieren und auf den Kartoffeln servieren. Noch einmal mit etwas Olivenöl beträufeln.

FRISCHER BEERENSMOOTHIE

Für diesen Smoothie gibt es kein festgelegtes Rezept. Ich schlage vor, Sie schauen im Supermarkt nach, welche Beeren gerade zur Verfügung stehen (sie dürfen ruhig schon sehr reif sein). Mit tiefgefrorenen Beeren funktioniert es genauso gut, obwohl diese vielleicht etwas mehr Zucker benötigen.

175 ml Apfelsaft
75 g Himbeeren
6–8 große Erdbeeren
½ Banane
1 Schuss Zitronensaft
2 TL Zucker
3–4 Zweige frische Minze

1 Alle Zutaten mit einem Mixer oder Pürierstab kräftig vermischen und anschließend kalt stellen.

TIPP Zur Herstellung eines Smoothies eignet sich jede reife Frucht. Wie wäre es einmal mit Ananas?

MÜSLIRIEGEL

Diese Müsliriegel sind prima, wenn man es eilig hat, denn kaum etwas anderes gibt einem so viel Energie. Sie stecken randvoll mit gesunden Sachen, von denen man nie genug bekommen kann. Betrachten Sie dieses Rezept einfach als Anregung – es können nämlich alle Früchte und Nüsse verwendet werden, die Sie mögen. Hauptsache, das Mengenverhältnis bleibt ungefähr gleich.

FÜR 16 STÜCK

Butter zum Einfetten
50 g Butter
100 g flüssiger Honig
225 g Haferflocken
50 g Sonnenblumenkerne
50 g ganze Mandeln
40 g ganze Haselnüsse
200 g getrocknete Früchte nach Wahl (Feigen, Datteln, Rosinen, Aprikosen, Kirschen, Blaubeeren, Cranberrys …)
50 g Kürbiskerne

1 Den Ofen auf 180 °C (Gas Stufe 4) vorheizen. Eine feuerfeste Schale (20 x 30 cm) gut einfetten.

2 Butter und Honig in einem Topf schmelzen. Die restlichen Zutaten hineingeben und alles sehr gut verrühren. In die eingefettete Form gießen und 20 Minuten – bzw. bis die Masse goldbraun ist – backen.

3 Aus dem Ofen nehmen und abkühlen lassen. Anschließend in etwa 16 Stücke schneiden. In einem luftdichten Behälter halten sich die Müsliriegel etwa eine Woche.

LEBKUCHEN-CUPCAKES

Wer sagt, Lebkuchen schmecken nur zu Weihnachten?

FÜR 8–10 CUPCAKES

175 g Butter (weich)
175 g Zucker
4 Eier
350 g Mehl
2 TL Backpulver
½ TL Piment
½ TL Ingwer
½ TL Zimt
½ TL Muskatnuss
1 Prise Salz
100 ml Milch
Schale (abgerieben) von 1 Orange
1 Tropfen Vanilleextrakt

FÜR DIE GLASUR
150 g Butter (weich)
100 g Puderzucker
Schale (abgerieben) von 1 Orange
1 Prise Ingwer
Kandierte Orangenschale zum Garnieren (optional)

1 Den Ofen auf 160 °C (Gas Stufe 3) vorheizen.

2 Die Butter mit dem Zucker schaumig schlagen, dann nacheinander die Eier hinzufügen. Währenddessen die ganze Zeit weiterrühren.

3 Das Mehl und die Gewürze in eine Schüssel sieben und vorsichtig unter die Mischung heben. Anschließend die Milch, die Orangenschale und den Vanilleextrakt hinzufügen. Alles gut miteinander vermischen.

4 Den Teig mit einem Löffel in Cupcake- oder Muffinförmchen aus Papier geben. Am besten werden die Förmchen dafür in ein Cupcake- oder Muffinblech gestellt, damit die Küchlein gleichmäßig aufgehen und nicht überlaufen. Im vorgeheizten Ofen 12–15 Minuten backen.

5 Die fertigen Küchlein aus dem Ofen nehmen und abkühlen lassen. Währenddessen die Glasur vorbereiten.

6 Die Butter und den Puderzucker mit einem Holzlöffel gut verrühren. Die Orangenschale unterrühren und die Mischung gleichmäßig auf den Küchlein verteilen. Eine kleine Prise Ingwer darüberstäuben. Je nach Geschmack mit der kandierten Orangenschale garnieren.

Zum Verwöhnen

In diesem Kapitel geht es um Spaß! Wie wär's, die Freunde mal mit etwas richtig Ausgefallenem zu überraschen? Die Gerichte sollen beim Zubereiten genau wie beim Essen einfach Spaß machen. Es sind nicht unbedingt Speisen, die man jeden Tag zubereitet, aber wenn es sie einmal gibt, freut man sich richtig darauf. Also, nichts wie ab in den Supermarkt!

SANDWICHES

Sandwiches sind die Klassiker der Snacks: kleine herzhafte Happen mit erstaunlich viel Geschmack. Ihre Gäste werden diese Varianten lieben, besonders wenn Sie sie auf einer schicken Etagère anrichten (siehe S. 44).

PICCALILLI

Piccalilli ist ein echter britischer Klassiker: Süßsauer eingelegtes, knackiges Gemüse passt hervorragend zu Aufschnitt und Sandwiches. In den Supermärkten kann man einige recht gute Versionen kaufen, aber für mich haben sie immer zu viel Flüssigkeit und nicht genug Gemüse. Deshalb bereite ich lieber meine eigene Variante zu – da kann man die Zutaten verwenden, die einem am besten schmecken. Das Einkochen geht wirklich ganz schnell. Das Einzige, was ein bisschen länger dauert, ist die Vorbereitung des Gemüses. Aber machen Sie sich bloß nicht verrückt, wenn es nicht perfekt aussieht. Schließlich ist dies die rustikale Heimvariante!

FÜR 2–3 MITTELGROSSE GLÄSER

ES WERDEN ETWA 900 GRAMM GEMÜSE BENÖTIGT. HIER MEINE VORSCHLÄGE:

250 g Blumenkohl
150 g grüne Bohnen (in 1 cm großen Stücken)
100 g Knollensellerie (geschält, in 1 cm großen Würfeln)
150 g Gurke (ungeschält, halbiert, Kerne entfernt, in 1 cm großen Würfeln)
150 g Meersalz
1 l Malz- oder Weinessig

FÜR DIE EINLEGEFLÜSSIGKEIT

1 TL Einmachgewürz zum Einlegen von Gemüse (gibt es in vielen Gewürzregalen)
2 TL Kurkuma
2 TL Ingwer
1 ½ TL englisches Senfpulver
2 TL Senfkörner
300 g Rohrohrzucker (alternativ guter Rohrzucker)
1 ½ EL Speisestärke
500 ml Malz- oder Weinessig

1 Das vorbereitete Gemüse in eine große Schüssel geben und mit Salz und Essig bedecken. Über Nacht stehen lassen. Das konserviert das Gemüse und intensiviert den Geschmack.

2 Am nächsten Tag das Gemüse gut waschen und abtropfen lassen.

3 Für die Einlegeflüssigkeit alle Gewürze, den Zucker und die Speisestärke in einen Topf geben. Mit einem Spritzer Essig zu einer Paste verrühren. Den restlichen Essig sorgfältig unterrühren und das Ganze anschließend langsam bei niedriger Hitze aufkochen lassen. Das Gemüse hinzugeben und alles etwa 10–15 Minuten kochen.

4 In saubere Gläser füllen (bis zum Rand), die Gläser zuschrauben und auf den Kopf stellen, sodass sie luftdicht verschlossen sind. Im Kühlschrank hält sich das Piccalilli gut drei Monate. Zum Servieren auf kräftiges Brot geben und mit ein paar Scheiben Schinken ergänzen.

RINDFLEISCH MIT PFEFFERKRUSTE

Für dieses Sandwich braucht man ein Stück Roastbeef, vielleicht vom Abendessen des Vortags.

FÜR 6–8 SANDWICHES

FÜR DAS PESTO
2 große Bunde Brunnenkresse
3 cm frischer Meerrettich (geschält, gerieben)
50 ml Olivenöl
Saft von ½ Zitrone
1 Knoblauchzehe
Meersalz und schwarzer Pfeffer (frisch gemahlen)

1 Stück Roastbeef (100–200 g)
50 g schwarze Pfefferkörner (zerdrückt)
1 Laib Vollkorntoast

1 Für das Pesto die Blätter der Brunnenkresse mit Meerrettich, Öl, Zitronensaft, Knoblauch und Gewürzen zu einer groben Paste mixen. Gegebenenfalls etwas mehr Öl zufügen.

2 Das Roastbeef mit etwas Olivenöl einreiben, in den zerdrückten Pfefferkörnern wälzen und in dünne Scheiben schneiden.

3 Die Brotscheiben großzügig mit Pesto bestreichen und mit Roastbeef belegen. Zuletzt mit Meersalz würzen und mit etwas Olivenöl beträufeln.

RÄUCHERLACHS & GURKE

Dieser Belag ist ruck, zuck fertig und schmeckt einfach toll, wenn man Vollkorntoast nimmt (die Ränder werden abgeschnitten!).
Mit Tagliatelle eignet er sich übrigens auch prima als leichtes Mittagessen.

FÜR 6 PERSONEN

FÜR DIE PÂTÉ
300 g Räucherlachs
Saft von 1 Zitrone
Salz und viel schwarzer Pfeffer (frisch gemahlen)
175 g Frischkäse
½ Bund Dill (gehackt)

½ Salatgurke
Butter zum Bestreichen
Vollkorntoast (Ränder abgeschnitten)

1 Alle Zutaten für die Pâté mit einem Mixer glatt rühren. Abschmecken, eventuell mit etwas Salz nachwürzen und kalt stellen.

2 Die Gurke schälen und in dünne Scheiben schneiden. Jeweils zwei Brotscheiben mit Butter bestreichen. Eine Scheibe großzügig mit der Pâté bestreichen, mit Gurkenscheiben und mit der zweiten Brotscheibe zudecken. Zum Servieren in Streifen schneiden.

TIPP Die Räucherlachspâté sollte im Kühlschrank nicht länger als zwei Tage aufgehoben werden.

TIPP

Die Quiche hat die richtige Konsistenz, wenn sie noch leicht »wackelt«. Beim Backen wird sie dann fester.

ROSA MEERESFRÜCHTEQUICHE

Hier ein Rezept für die Mädels! Quiche schmeckt warm oder kalt, zwischendurch als Snack oder mit einem großen Salat als Abendessen. Man bereitet sie sicherlich nicht jeden Tag zu, aber eine Quiche ist eine tolle Idee, wenn Besuch kommt.

FÜR 1 QUICHE (22 CM DURCHMESSER), CA. 8 PERSONEN

Butter zum Einfetten
1 x Mürbeteig (siehe Rezept S. 156)
Mehl zum Ausrollen
Trockene Bohnen zum Blindbacken

FÜR DIE POCHIERFLÜSSIGKEIT
½ Zwiebel (geschält, grob geschnitten)
½ Fenchelknolle (grob geschnitten)
1 l kaltes Wasser
1 Lorbeerblatt
2 Pfefferkörner
200 ml Weißwein

FÜR DIE FÜLLUNG
300 g Lachs (am besten am Stück)
100 g Krebsfleisch
Schale von 1 Zitrone (abgerieben)
2 TL Dill (gehackt)

FÜR DIE EIERCREME
2 Eier
1 Eigelb
250 ml Sahne
50 g Parmesankäse (gerieben)
½ TL Cayennepfeffer

1 Eine Springform (22 cm Durchmesser) gut einfetten.

2 Den Teig zubereiten und 30 Minuten kalt stellen.

3 Anschließend den Teig auf einer bemehlten Arbeitsfläche etwa 2–3 mm dick ausrollen und in die Springform legen. Die Kanten vorsichtig andrücken, überstehenden Teig gegebenenfalls abschneiden. Den Boden mehrfach einstechen und die Form dann noch einmal 15 Minuten kalt stellen.

4 Den Ofen auf 180 °C (Gas Stufe 4) vorheizen.

5 Den Teigboden mit Backpapier bedecken, mit trockenen Bohnen füllen und 10 Minuten blindbacken. Dann die Bohnen mit dem Papier entfernen und den Boden weitere 5 Minuten backen.

6 Alle Zutaten der Pochierflüssigkeit in einen flachen Topf geben.

7 Für die Füllung den Lachs in den Topf legen und aufkochen lassen. Anschließend die Hitze reduzieren. Den Lachs herausnehmen und ihn, sobald er ganz abgekühlt ist, zerrupft auf dem Mürbeteigboden verteilen. Das Krebsfleisch, die Zitronenschale und den Dill darübergeben.

8 Für die Eiercreme alle Zutaten mit dem Schneebesen verrühren. Die Mischung über dem Fisch verteilen und bei 170 °C (Gas Stufe 3) etwa 30–40 Minuten backen, bis die Eiercreme fest ist. Vor dem Abnehmen der Springform ganz abkühlen lassen.

9 Nach Belieben kalt essen oder vorsichtig wieder aufwärmen.

SCHWEINEFLEISCHPÂTÉ

Natürlich kann man sich fragen, warum man eine Pastete selbst machen soll, wenn man sie doch genauso gut kaufen kann. Nun, zum einen weiß man dann genau, was darin ist, zum anderen kann man die Pastete ganz nach Geschmack zubereiten. Dies ist auch nicht schwierig, und im Kühlschrank hält sich so eine Pastete eine gute Woche, wenn man sie richtig einpackt.
Man benötigt entweder eine Terrinenform oder etwas Ähnliches, zum Beispiel eine Kastenform, die ungefähr 500 g fasst. Dazu passt das Apfelchutney von der nächsten Seite ganz hervorragend.

FÜR 10–12 SCHEIBEN

Öl zum Einfetten
20 Streifen Frühstücksspeck
300 g Schweinebauch (durch den Fleischwolf gedreht)
300 g Schweineleber (durch den Fleischwolf gedreht)
1 Knoblauchzehe (fein gehackt)
6 Schalotten (fein geschnitten)
75 g Semmelbrösel
4 Eier (verquirlt)
200 g Butter (geschmolzen)
25 ml Portwein
2 Thymianzweige (nur die Blätter)
1 Handvoll Petersilie (gehackt)
½ TL Muskatnuss
75 ml Sahne
1 ½ TL Salz
Viel schwarzer Pfeffer (frisch gemahlen)

1 Den Ofen auf 130 °C (Gas Stufe 1) vorheizen. Die Pastetenform mit etwas Öl einfetten.

2 Eine Bahn hitzebeständige Bratfolie etwas länger als die Form abmessen und noch zwei weitere Bahnen zum Darüberlegen. Die Form fest mit der Folie ausschlagen, dass sich keine Blasen bilden.

3 Die Form mit den Speckstreifen auslegen. Die Streifen sollen außen überhängen, sodass die Pastete später damit bedeckt werden kann.

4 Die restlichen Zutaten in einer Schüssel mischen. Darauf achten, dass die Eier sorgfältig untergerührt werden. Anschließend die Mischung vorsichtig in die Form füllen und oben mit den überhängenden Speckstreifen bedecken. Nun das Ganze noch leicht andrücken und fest mit Folie zudecken.

5 Die Terrine in ein höheres Backblech setzen, das bis zur Hälfte mit kochendem Wasser bedeckt wird (diese Art zu garen heißt »Bain-Marie« oder einfach »Wasserbad« und hält die Terrine feucht). Das Blech für 2 Stunden 15 Minuten in den Ofen stellen und gegebenenfalls kochendes Wasser nachfüllen.

6 Das Blech aus dem Ofen nehmen, die Terrine aus dem Wasserbad nehmen und abkühlen lassen. Die Terrine muss gepresst werden. Ich verwende dafür ein Stück zurechtgeschnittene Pappe, die ich mit einigen Dosen beschwere.

7 Die beschwerte Terrine über Nacht in den Kühlschrank stellen und am nächsten Tag auf einen Teller stürzen. Mit frischem Brot und einem knackigen Salat eignet sie sich prima für ein Picknick. Achtung, das Chutney nicht vergessen!

APFELCHUTNEY

Was passt besser zu einem würzigen Käse oder zu einem Stück Pastete als ein fruchtiges Chutney? Achtung, es kann geradezu süchtig machen!

FÜR 2–3 MITTELGROSSE GLÄSER

50 g Butter
5 Schalotten (geschält, fein geschnitten)
750 g feste Äpfel (zum Beispiel Cox Orange oder Granny Smith, geschält, geschnitten)
250 g Birnen (vorzugsweise Williams, geschält, geschnitten)
1 Zimtstange
2 Nelken
½ TL Ingwer
Schale (abgerieben) und Saft von 1 Orange
150 ml Rotweinessig
300 g brauner Zucker
1 Handvoll Rosinen
3 x 50 ml Wasser zum Sterilisieren der Gläser

1 Die Butter in einem großen Topf schmelzen und die Schalotten darin anschwitzen. Die Äpfel- und Birnenstücke hinzufügen und die Temperatur erhöhen. Ständig rühren, damit nichts anbrennt. Alle Gewürze, die Orangenschale und den -saft in den Topf geben. Alles gut mischen, dann den Essig und den Zucker unterrühren. Den Topf zudecken, die Hitze verringern und alles köcheln lassen.

2 Nach 20 Minuten die Rosinen hinzugeben und die Mischung bis zu 1 Stunde weiterköcheln lassen, bis das Chutney eingedickt ist. Probieren und je nach Geschmack etwas mehr Zucker oder Essig hinzugeben. Achtung: Das Chutney »reift« nach, wodurch die Aromen intensiviert werden. Den Topf vom Herd nehmen und abkühlen lassen.

3 In der Zwischenzeit das Wasser in die Gläser füllen und diese ohne Deckel in der Mikrowelle 2 Minuten sterilisieren. Die Mikrowelle dafür auf die höchste Stufe stellen. Die Deckel gut abwaschen oder in den Geschirrspüler legen.

4 Die Gläser bis zum Rand mit dem abgekühlten Chutney füllen, mit Frischhaltefolie zudecken und die Deckel zuschrauben. Das Chutney sollte ca. 1 Woche ruhen, damit sich die Aromen voll entfalten. Wenn die Gläser sterilisiert wurden, hält es sich bis zu 6 Monate.

TIPP

Falls das Chutney nach dem Einkochen zu flüssig aussieht, das Ganze durch ein Sieb gießen und die Flüssigkeit separat noch einmal um die Hälfte einkochen. Anschließend die Früchte wieder zugeben und abkühlen lassen.

ENTE MIT PFLAUMENPFANNKUCHEN

FÜR 6–8 PERSONEN

ZUM WÜRZEN

4 EL Salz
½ TL Fünf-Gewürze-Pulver (im Asialaden erhältlich)
½ TL Chilipulver (beziehungsweise getrocknete Chilis)
½ TL Zimt

FÜR DIE KNUSPRIGE ENTE

4 Entenkeulen
1 Zimtstange
5 Pfefferkörner
2 Lorbeerblätter
Schale von 1 Orange (abgerieben)
400 ml Gänse- oder Entenfett
Meersalz

FÜR DIE PFLAUMENSOSSE

1 TL Pflanzenöl
1 Schalotte (fein geschnitten)
1 mittelgroße rote Chilischote (entkernt, fein gehackt)
400 g reife Pflaumen (entsteint, fein gehackt)
200 g Rohrohrzucker (oder guter Rohrzucker)
300 ml Rotweinessig
1 Sternanis
½ TL Fünf-Gewürze-Pulver

1 Paket chinesische Pfannkuchen (im Asialaden erhältlich)
6 Frühlingszwiebeln (schräg in Scheiben geschnitten)
½ Salatgurke (geschält, entkernt, in feine Streifen geschnitten)

1 Die Zutaten für die Gewürzmischung gut miteinander mischen. Das Fett an den Entenkeulen anritzen, die Keulen gut mit der Gewürzmischung einreiben und anschließend über Nacht in den Kühlschrank stellen.

2 Vor dem Braten die restlichen Gewürze von den Keulen entfernen (zum Beispiel mit einem Pinsel) und die Keulen anschließend kurz abspülen.

3 Den Ofen auf 150 °C (Gas Stufe 2) vorheizen. Die Keulen auf ein tiefes Backblech legen, die Gewürze hinzugeben und das Gänsefett darübergießen. Für 2 Stunden in den Ofen stellen.

4 Die Keulen vorsichtig aus dem heißen Fett nehmen und auf ein Kuchengitter legen. Das Fett wird nicht länger benötigt. Die Ofentemperatur auf 220 °C (Gas Stufe 7) erhöhen.

5 Die Keulen mit etwas Meersalz bestreuen und in den Ofen stellen. 25 Minuten auf dem Kuchengitter braten, damit die Haut knusprig wird. Wieder aus dem Ofen nehmen und das Fleisch sorgfältig von den Knochen lösen. Zur Seite stellen und die Pflaumensoße zubereiten.

6 Das Öl in einer Pfanne erhitzen und die Schalotte und die Chilischote darin anschwitzen. Sobald sie weich sind, die Pflaumen hinzufügen und das Ganze einkochen lassen. Den Zucker, den Essig und die Gewürze hinzufügen. Je nach Reifegrad der Pflaumen muss die Zuckermenge eventuell angepasst werden.

7 Das untere Ende eines Pfannkuchens mit Pflaumensoße bestreichen. Etwas Fleisch, Zwiebeln und 4–5 Gurkenstreifen hinzufügen. Den Pfannkuchen zigarrenförmig aufrollen. Aus der Mischung so viele Pfannkuchen wie möglich machen. Mit der restlichen Pflaumensoße servieren.

FONDANTLECKEREIEN

Diese Süßigkeiten sind einfach niedlich, und es gibt unzählige Varianten, sie zu dekorieren. Sie könnten ein paar Blumen oder Rosenblütenblätter aus dem Garten verwenden, oder Sie könnten diverse Kleinigkeiten kaufen. Für die Glasur verwenden Sie einen Tropfen Lebensmittelfarbe, je nachdem, welche Farbe Sie bevorzugen. Lila sieht zum Beispiel toll aus.

FÜR 12 STÜCK

Butter zum Einfetten

FÜR DAS BISKUIT
100 g Butter (weich)
100 g Zucker
2 Eier
Einige Tropfen Vanilleextrakt
100 g Mehl (gesiebt)
1 TL Backpulver

Konfitüre, Zitronencreme oder Schlagsahne zum Füllen (optional)

FÜR DIE GLASUR
500 g Trockenfondant (gesiebt)
Saft von 1 Zitrone
1 Tropfen Lebensmittelfarbe

Dekor nach Lust und Laune

1 Den Ofen auf 180 °C (Gas Stufe 4) vorheizen. Eine 20 x 25 cm große Backform gut einfetten und mit Backpapier auslegen. Mit 2 Kastenformen funktioniert es auch.

2 Die Butter kräftig mit dem Zucker verrühren. Die Eier und den Vanilleextrakt hinzufügen.

3 Das Mehl zusammen mit dem Backpulver mehrfach sieben, damit es gut belüftet ist – das ist der Schlüssel zu einem leichten, lockeren Biskuitteig. Die trockenen Zutaten vorsichtig unter die Buttermischung heben, in die vorbereitete Form gießen und 25–30 Minuten backen. Anschließend auf ein Kuchengitter stürzen und abkühlen lassen.

4 Nach dem Abkühlen in 5 x 5 cm große Stücke schneiden. Je nach Wunsch die Stücke noch einmal halbieren und eine Füllung dazwischengeben.

5 Für die Glasur den Trockenfondant mit so viel Zitronensaft mischen, dass er zu einer streichfähigen, leicht flüssigen Masse wird. Nun die Lebensmittelfarbe daruntermischen.

6 Die Kuchenquadrate auf einen Teller oder auf ein Gitter legen. Auf jedes Stück einen großzügigen Löffel Glasur geben und fest werden lassen. Kleckern lässt sich nicht vermeiden, aber das ist ja der halbe Spaß! Falls die Glasur nicht gleichmäßig ist, eine zweite Schicht darübergeben. Vor dem Trocknen nach Wunsch dekorieren.

TIPP

Mit einem Löffel Kakaopulver in der Teigmischung wird aus dem Ganzen eine schokoladige Leckerei. Für eine Schokoladenglasur 250 ml Sahne aufkochen und über 250 g zerbröckelte Zartbitterschokolade gießen. Umrühren, bis die Schokolade vollständig geschmolzen ist, leicht abkühlen lassen und dann auf die Kuchenstücke gießen.

EINFACHER SCHOKOLADENKARAMELL

Gibt es Menschen, die Karamell nicht mögen? Man kann ihn in so leckeren Geschmacksrichtungen herstellen – hier ist meine Schokoladenversion. Er ist recht einfach zuzubereiten ... den Topf hinterher wieder sauber zu bekommen, ist jedoch eine ganz andere Sache. Geben Sie ein wenig Spülmittel und Wasser hinein und lassen Sie das Ganze kurz aufkochen, schon geht es ganz leicht.

FÜR 16–20 STÜCK

Butter zum Einfetten
125 ml Vollmilch
450 g Zucker
1 EL Kakaopulver
25 g Butter
Einige Tropfen Vanilleextrakt
Zuckerblumen, Liebesperlen et cetera zum Garnieren

1 Eine quadratische, etwa 20 x 20 cm große und mindestens 3 cm tiefe Form einfetten und mit Backpapier auslegen.

2 Die Milch zusammen mit dem Zucker, dem Kakao, der Butter und der Vanille in einen Topf geben und bei niedriger Hitze langsam aufkochen. Sobald die Mischung leicht anfängt zu blubbern, ein etwa erbsengroßes Stück mit dem Löffel herausholen und in eine Schale mit kaltem Wasser tropfen lassen. Wenn es seine Form behält und sich zwischen den Fingern leicht kneten lässt, ist der Karamell fertig.

3 Den Topf vom Herd nehmen und der Karamell in die Form gießen. Einige Minuten stehen lassen und dann dekorieren, solange die Masse noch nicht fest ist.

4 Im Kühlschrank vollständig abkühlen lassen und dann in Stücke schneiden. Das besondere Etwas für richtig gute Freunde!

SCHOKOLADEN-CHILI-BROWNIES

Wer Brownies backt, braucht Mut – man muss sie nämlich aus dem Ofen nehmen, bevor man glaubt, dass sie fertig sind. Brownies müssen in der Mitte heiß und matschig sein. Die roten Chilischoten erscheinen vielleicht als seltsame Zutat, aber in vielen Ländern, vor allem in Mexiko, gehören Chili und Schokolade einfach zusammen. Der Chili lockert die Reichhaltigkeit der Schokolade etwas auf, deshalb sollte man nur wirklich gute Schokolade verwenden.

FÜR 16–18 STÜCK

Butter zum Einfetten
300 g gute dunkle Schokolade (70 % Kakaoanteil, zerbröckelt)
250 g Butter (fest, gewürfelt)
5 Eier
325 g Zucker
200 g Mehl
2 mittelgroße rote Chilischoten (entkernt, in feine Streifen geschnitten)
120 g einfache Schokoladenchips

1 Den Ofen auf 180 °C (Gas Stufe 4) vorheizen. Wie fast immer beim Backen auch hier wieder auf Umluft verzichten. Eine 20 x 30 cm große und 4–5 cm tiefe Form einfetten und und mit Backpapier auslegen.

2 Die Schokolade mit der Butter im Wasserbad schmelzen. Die Schokolade darf nicht zu heiß werden, sonst fängt sie an zu gerinnen.

3 Wenn alles geschmolzen ist, den Topf vom Herd nehmen und leicht abkühlen lassen. Die Eier mit dem Zucker schaumig schlagen und unter die Schokolade heben. Alles gut verrühren.

4 Das Mehl vorsichtig in die Mischung sieben. Die Chilischoten und die Schokoladenchips unterheben. Alles in die vorbereitete Form gießen und etwa 20–25 Minuten backen, beziehungsweise bis der Teig oben leicht einzureißen beginnt, aber noch nicht fertig aussieht. Keine Sorge, wenn die Schokolade abkühlt, setzt sich die Masse noch und wird fester.

HOKEY-POKEYS

Hokey-Pokeys sind zähe, klebrige, himmlisch leckere Süßigkeiten. Ich würde Ihnen nicht empfehlen, sie jeden Tag zu essen, es sei denn, Sie gehen gern zum Zahnarzt.

FÜR 25–30 STÜCK

5 EL Zucker
3 EL Zuckerrübensirup
1 ½ TL Backpulver

1 Eine Kastenform einfetten und mit Backpapier auslegen. Anschließend in das Eisfach stellen, damit die Form ganz kalt ist.

2 Den Zucker und den Sirup in einem Topf langsam aufkochen lassen und dabei gelegentlich umrühren. Sobald der Zucker goldbraun wird, vom Herd nehmen und das Backpulver unterrühren.

3 Die Mischung sofort in die kalte Kastenform gießen und im Kühlschrank fest werden lassen.

4 Sobald die Mischung hart ist, aus der Form nehmen und in mundgerechte Stücke zerbrechen. Außerhalb des Kühlschranks aufbewahren.

MAGISCHE MOMENTE

Ich hatte keine Ahung, wie ich diese kleinen Juwelen nennen sollte. Sie sind rosa, sehr süß, weich und klebrig. Wieder einmal ist die gute alte Backform gefragt. Und wieder einmal müssen Sie diese einfetten und mit Backpapier auslegen. Ich bin mir sicher, inzwischen wissen Sie, wie das geht.

FÜR 30 STÜCK

Butter zum Einfetten
500 g Puderzucker
100 ml Milch
25 g Butter
1 Prise Salz
125 g Kokosflocken
Rote Lebensmittelfarbe

1 Eine 25 x 30 cm große Backform einfetten und mit Backpapier auslegen.

2 Puderzucker, Milch, Butter und Salz in einem Topf mischen und köcheln lassen, bis die Mischung die gleiche Konsistenz hat wie der Karamell (siehe Schritt 2, S. 52). Die Kokosflocken hinzufügen und gut unterrühren. In eine Schüssel gießen und die Lebensmittelfarbe hinzufügen. Ich liebe es, wenn die Masse quietschpink wird, aber das ist Geschmackssache.

3 Anschließend die Mischung in die vorbereitete Form gießen und abkühlen lassen. Zuletzt auf einen Teller stürzen und in Würfel schneiden. Die Süßigkeit passt hervorragend zu einer schönen Tasse Tee.

TIPP

In ganz kleine Stücke zerbrochen, schmecken Hockey-Pokeys toll im Pudding oder auf Eiscreme.

TIPPS ZUM MARMELADEKOCHEN

Beim Marmeladekochen kommt es ganz darauf an, wie süß man es mag. Wenn es Ihnen so geht wie mir und Sie es nicht ganz so süß mögen, reduzieren Sie einfach die Zuckermenge und lassen Sie die natürliche Süße der Früchte in den Vordergrund treten. Es kommt natürlich auch auf die Art der Marmelade an: Erdbeermarmelade wird immer süßer sein als Himbeermarmelade, einfach weil Erdbeeren grundsätzlich süßer sind. Probieren Sie die Marmelade immer wieder und entscheiden Sie selbst, aber verbrennen Sie sich nicht dabei!

Denken Sie immer daran, dass Sie problemlos Zutaten hinzufügen, aber nicht wieder herausnehmen können. Seien Sie mit dem Zucker also lieber erst einmal etwas zurückhaltender. Mögen Sie Konfitüre mit Stückchen, darf das Obst nicht zu reif sein; soll die Masse homogen werden, müssen die Früchte dagegen vollreif sein. Grundsätzlich benötigen Sie etwa gleich viel Obst und Zucker, wenn die Marmelade sehr süß sein soll. Ich verwende ein Verhältnis von 4:3 (Früchte : Zucker).

Verwenden Sie auf jeden Fall speziellen Gelierzucker, der Pektin enthält. Pektin sorgt dafür, dass die Marmelade fest wird, und kommt in den meisten Obstsorten, besonders aber in Zitrusfrüchten, Äpfeln, Rhabarber, schwarzen Johannisbeeren und Himbeeren, vor.

RHABARBER-INGWER-MARMELADE

Benötigt werden Gläser mit festen Schraubverschlüssen. Diese werden sterilisiert, indem man 50 ml Wasser in jedes Glas gibt und diese dann ohne Deckel für 2 Minuten auf höchster Stufe in die Mikrowelle stellt.

FÜR 4–5 KLEINE GLÄSER

2 x 10 g Butter
1 ½ kg Rhabarber (in 2–3 cm großen Stücken)
200 g frischer Ingwer (geschält, in sehr dünne Streifen geschnitten)
Schale von 1 Zitrone (abgerieben)
Saft von 2 Zitronen
1 ¼ kg Gelierzucker

1 Bevor es losgeht, werden vier kleine Teller in das Eisfach gestellt. Dann den Boden eines großen, schweren Topfes mit Butter einreiben.

2 Den Rhabarber waschen. Gut abtropfen lassen, abtrocknen und in den gebutterten Topf geben. Den Ingwer und die Zitronenschale hinzufügen und das Ganze mit dem Zucker bestreuen. Den zugedeckten Topf am besten über Nacht stehen lassen, damit sich der Zucker langsam auflösen kann.

3 Am nächsten Tag den Topf bei sehr niedriger Hitze auf den Herd stellen und den Inhalt langsam zerfallen lassen. Dabei nicht umrühren. Keine Sorge, der Rhabarber wird nicht anbrennen, wenn die Temperatur niedrig genug ist. Sobald Saft auszutreten beginnt – nach etwa 10–12 Minuten –, den Topf einmal gut durchrütteln.

4 Nun den Zitronensaft hineingeben, die Hitze erhöhen und das Ganze aufkochen. Etwa 10 Minuten köcheln lassen und dann die Hitze wieder reduzieren.

5 Einen kleinen Löffel voll herausnehmen und auf einen der kleinen Teller tropfen lassen. Geliert die Masse, ist die Marmelade fertig, wenn nicht, das Ganze einfach weiterköcheln lassen und den Test in regelmäßigen Abständen wiederholen.

6 Das zweite Stück Butter unter die fertige Marmelade rühren und alles leicht abkühlen lassen, bevor es in die sterilisierten Gläser gegossen wird. Die Gläser fest verschließen und beschriften.

ERDBEER- ODER HIMBEERMARMELADE

Alles genau wie bei der Rhabarber-Ingwer-Marmelade machen, als Früchte statt Rhabarber und Ingwer 1 ½ kg Erdbeeren oder Himbeeren verwenden. Je nach Vorliebe nach dem Kochen durch ein Sieb streichen, damit die Marmelade glatt wird.

TIPP Fertig gebackenen Teig niemals in den Kühlschrank stellen, weil er sonst matschig wird.

MARMELADENTÖRTCHEN

Als Kind habe ich diese Törtchen jeden Sonntagmorgen mit meiner Mutter gebacken. Es ist eine tolle Möglichkeit, die Kinder einzubeziehen, es macht aber auch allein Spaß.
Im Lauf der Zeit bekommt man Übung darin, seinen eigenen Mürbeteig herzustellen, und es lohnt sich auf jeden Fall. Zusammen mit der Marmelade sorgt das für einen richtigen Zuckerrausch!
Für dieses Rezept brauchen Sie irgendetwas zum Ausstechen, zum Beispiel eine kleine Schüssel (8 cm Durchmesser) für die runden Formen und ein kleines Förmchen nach Wunsch für die »Deckel«. Außerdem brauchen Sie ein Muffinblech.

FÜR 12 TÖRTCHEN

1 x Mürbeteig (siehe Rezept S. 156)
Butter zum Einfetten
Mehl zum Bestäuben und Ausrollen
Hausgemachte Marmelade (siehe Rezept S. 57)
Puderzucker zum Bestäuben (wahlweise)

1 Zuerst wird der Teig zubereitet und für 30 Minuten in den Kühlschrank gestellt.

2 Den Ofen auf 180 °C (Gas Stufe 4) vorheizen. Das Muffinblech einfetten und mit Mehl bestäuben.

3 Den Teig auf einer leicht bemehlten Arbeitsfläche etwa 2 mm dick ausrollen. 12 Kreise ausstechen. Die Teigkreise in die vorbereiteten Blechvertiefungen legen und leicht andrücken. Die 12 Deckel ausstechen.

4 In jedes Teigförmchen etwa 1–1 ½ TL Marmelade geben. Die Deckel obenauf legen und das Ganze etwa 12 Minuten backen, beziehungsweise bis die Deckel goldbraun sind.

5 Aus dem Ofen nehmen, abkühlen lassen, die Törtchen aus den Muffinformen heben und, je nach Geschmack, mit Puderzucker bestäuben. In einem luftdichten Behälter halten sich die Törtchen 3–4 Tage.

DATTEL-FEIGEN-WALNUSS-BROT

Das Lieblingsrezept aller Mütter! Es hört sich toll an, ist würzig und supereinfach zu backen.

FÜR 10–12 SCHEIBEN

120 g Butter (weich, plus etwas mehr zum Einfetten)
180 g brauner Rohrohrzucker (möglichst dunkel, Muscovado-Zucker ist perfekt)
3 Eier
225 g Mehl
1 Prise Salz
1 ½ TL Backpulver
100 ml Milch
100 g Datteln (entsteint, grob gehackt)
75 g getrocknete Feigen (gehackt)
150 g Walnüsse (gehackt)
½ TL Ingwer (gemahlen)
½ TL Zimt (gemahlen)
½ TL Nelken (gemahlen)

1 Eine Kastenform sorgfältig einfetten.

2 Den Ofen auf 180 °C (Gas Stufe 4) vorheizen. Achtung, keine Umluft verwenden! Wenn sich die Umluft nicht abstellen lässt, eine feuerfeste Schale mit Wasser unten in den Herd stellen, damit das Brot nicht austrocknet!

3 Butter und Zucker schaumig schlagen, dann langsam die Eier hinzufügen. Mehl, Salz und Backpulver hineinsieben und alles gut verrühren. Die Milch hinzugeben und dann die Früchte, Nüsse und Gewürze unterheben. Sieht der Teig zu trocken aus, ein bisschen mehr Milch verwenden.

4 Den Teig in die Kastenform füllen und glatt streichen.

5 Im vorgeheizten Ofen etwa 45 Minuten backen. Das Brot sollte immer noch ein bisschen klebrig sein. Auf ein Kuchengitter stürzen und abkühlen lassen.

6 Zum Servieren mit Butter bestreichen. Dazu passt am besten eine schöne Tasse Earl-Grey-Tee – mit Zitrone natürlich.

Sommerspezialitäten

Im Sommer dreht sich alles um frische, spritzige Aromen. Sommerzutaten sprechen für sich; man muss nicht viel verändern, um sie noch besser zu machen, als sie es ohnehin sind. Oft reicht bereits ein Spritzer Zitrone oder etwas Öl. Wieder geht es hier um sehr geselliges Essen – Essen, das von einem schönen Glas Wein oder einem eiskalten Bier begleitet werden sollte.

HIMBEER-LIMONEN-EISTEE

Hausgemachter Eistee ist mit dem fertig abgefüllten aus dem Supermarkt nicht vergleichbar. Er ist frisch, vitaminreich und löscht wunderbar den Durst. Ich mag Himbeeren in meinem – nicht nur wegen der Farbe, sondern auch wegen der Frische. An einem heißen Tag gibt's nichts Besseres!

FÜR 6 GLÄSER

200 g Himbeeren plus 6 Beeren zum Garnieren
100–120 g Zucker, je nach Geschmack
½ TL Natron
Schale (abgerieben) und Saft von 2 Limonen (3 Scheiben zum Garnieren aufheben!)
2 Beutel schwarzer Tee
500 ml kochendes Wasser
500 ml kaltes Wasser

ZUM SERVIEREN
Eiswürfel
Himbeeren und Limonenscheiben zum Garnieren

1 Die Himbeeren durch ein Sieb streichen und die Samen wegwerfen. Erst den Zucker und das Natron, dann die Limonenschale und den Saft hinzugeben.

2 Die Teebeutel mit 500 ml kochendem Wasser aufgießen und 2–3 Minuten ziehen lassen – nicht länger, sonst wird der Tee zu bitter. Die Beutel herausnehmen und den Tee abkühlen lassen.

3 Anschließend 500 ml kaltes Wasser hineingießen und das Himbeerpüree hinzufügen. Alles gut verrühren und abschmecken, ob die Süße stimmt. Auf Eis servieren und mit Himbeeren und Limonenscheiben garnieren.

ECHTE LIMONADE

Echte Limonade kann man durch nichts ersetzen. Sie ist so einfach herzustellen – und trotzdem traut sich kaum jemand daran. Außerdem kostet sie garantiert weniger als Limonade aus dem Supermarkt. Diese Limonade schmeckt tatsächlich nach Zitronen, ganz im Gegensatz zu dem klebrig-süßen Fertiggetränk, das jeder für Limonade hält.

FÜR 6 GLÄSER

Schale (abgerieben) und Saft von 6 Zitronen (oder mehr, je nach Geschmack)
100 g Zucker
1,2 l kaltes Wasser

ZUM SERVIEREN
Eiswürfel
Minzblätter zum Garnieren (wahlweise)

1 Die Zitronenschale und den Saft in einen Krug geben. Den Zucker hinzugeben und so lange rühren, bis er sich aufgelöst hat. Wer es saurer oder weniger süß mag, fügt mehr Zitronen hinzu oder reduziert die Zuckermenge.

2 Das Wasser aufgießen und den Krug dann in den Kühlschrank stellen, damit das Getränk ziehen und gut abkühlen kann.

3 Auf Eis servieren. Dazu passt frische Minze.

TIPP

Wer lieber sprudelnde Limonade mag, nimmt Mineralwasser mit Kohlensäure.

KALTE GURKEN-MANDEL-SUPPE

Diese Suppe ist unheimlich erfrischend. Sie eignet sich prima für Dinnerpartys, da sie kalt serviert wird und die Gastgeber sich deshalb auf die Vorbereitung anderer Dinge konzentrieren können. Im Kühlschrank hält sich die Suppe zwei Tage, und sie lässt sich auch leicht einfrieren.

FÜR 4 PERSONEN

150 g gemahlene Mandeln
2 Scheiben altes Weißbrot (Rand abgeschnitten, in 500 ml Eiswasser eingelegt)
3 Gurken (geschält, längs halbiert, entkernt)
1 Knoblauchzehe (zerdrückt oder gerieben)
2 EL Crème fraîche
Saft von 1 Zitrone
Salz und schwarzer Pfeffer (frisch gemahlen)

ZUM GARNIEREN
Hochwertiges Olivenöl
Mandelblättchen (geröstet)

Vollkorntoast zum Servieren

1 Die Mandeln mit dem eingeweichten Brot kräftig durchmixen. Das Einweichwasser aufheben.

2 Die Gurke grob schneiden und mit dem Knoblauch im Mixer glatt mixen. Die Crème fraîche und das Einweichwasser zugeben und noch einmal durchmixen. Mit Zitronensaft, Salz und Pfeffer abschmecken und kalt stellen.

3 Vor dem Servieren mit Olivenöl beträufeln und mit gerösteten Mandelblättchen bestreuen. Dazu passt Vollkorntoast.

ECHT SCHARFE GEBACKENE ANANAS

Ich wünschte, ich könnte behaupten, dieses Rezept stamme von mir, aber so ist es leider nicht. Zum ersten Mal habe ich es in Neuseeland probiert, und seitdem gab es kein Zurück mehr. Die Schärfe des Chilis in Kombination mit der Süße der Ananas hat etwas ganz Besonderes. Das müssen Sie auf jeden Fall probieren!

FÜR 4 PERSONEN

1 sehr süße Ananas
200 g Zucker
1 Vanilleschote (nur das ausgekratzte Mark)
3 frische rote Chilischoten (gehackt)
5 cm frischer Ingwer (geschält, ganz fein gerieben)
100 ml dunkler Rum
1 EL Honig

1 Die Ananas schälen und in 1 cm dicke Ringe schneiden, den Strunk in der Mitte entfernen.

2 Den Zucker zusammen mit dem Vanillemark, den gehackten Chilischoten und dem Ingwer fein pürieren. Den Rum und den Honig dazugeben. Die Ananasringe in einer feuerfesten Schale anordnen, mit der Mischung übergießen und einige Zeit darin marinieren lassen.

3 Unmittelbar vor dem Servieren den Ofen auf 200 °C (Gas Stufe 6) vorheizen. Die Ananas 10–15 Minuten backen, bis sie gut durchgewärmt ist und der Zucker zu karamellisieren beginnt.

4 Aus dem Ofen nehmen und mit dem ausgetretenen Saft auf einen Teller geben. Dazu passt Speiseeis ganz hervorragend.

KREBSKÜCHLEIN MIT CHILI

UND HAUSGEMACHTER LIMONENMAYONNAISE

Limonen, Chili und Krebsfleisch – wie füreinander geschaffen!

FÜR 12 KLEINE KREBSKÜCHLEIN

FÜR DIE LIMONENMAYONNAISE
2 Eigelb (auf Zimmertemperatur)
Schale (abgerieben) von 2 und Saft von 1 Limone
1 TL Dijonsenf
1 Prise Zucker
1 Prise Salz
½ Knoblauchzehe (geschält, zerdrückt)
250 ml Pflanzenöl in einem Krug

FÜR DIE KREBSKÜCHLEIN
2 rote Chilischoten (entkernt, fein gehackt)
Schale (abgerieben) und Saft von 2 Limonen
Schale von 1 Zitrone (abgerieben)
1 Knoblauchzehe (geschält, gerieben)
1 kleiner Bund Koriander (nur die Blätter, fein gehackt)
1 kräftige Prise Salz
450 g helles Krebsfleisch (auf Schalenreste geprüft)
100 g dunkles Krebsfleisch (auf Schalenreste geprüft)
1 EL Mayonnaise (siehe S. 153)
50 g Paniermehl (idealerweise japanisches Panko-Mehl)
Salz und schwarzer Pfeffer (frisch gemahlen)

FÜR DIE PANADE
2 Eier (verquirlt)
100 g Mehl
100 g Paniermehl (Panko-Mehl, siehe oben)
Pflanzenöl zum Braten

1 Für die Limonenmayonnaise das Eigelb mit der Limonenschale, dem Senf, dem Zucker, dem Salz und dem Knoblauch in eine Schale geben und gut verrühren. Das Öl tropfenweise unterrühren und Limonensaft nach Geschmack zufügen.

2 Für die Krebsküchlein die gehackten Chilischoten mit der Limonen- und Zitronenschale, dem Knoblauch, dem Koriander und dem Salz in einem Mörser zerreiben. Das Salz fungiert dabei als Schleifmittel und hilft, dass alles zu einer glatten Paste wird.

3 Die Chilipaste mit dem Krebsfleisch mischen. Den Limonensaft und die Mayonnaise hinzugeben und alles gut verrühren. Nun das Paniermehl hinzufügen, und zwar gerade so viel, dass der Teig formbar wird. Die Menge hängt davon ab, wie feucht das Krebsfleisch ist. Mit Salz und Pfeffer abschmecken.

4 Aus der Mischung 12 Bällchen formen und diese für 20 Minuten in den Kühlschrank legen.

5 Für die Panade die Eier, das Mehl und das Paniermehl in separate Schüsseln geben. Die Bällchen nacheinander in das Mehl, in die Eier und in das Paniermehl tauchen. Die Bällchen leicht platt drücken, sodass etwa 2,5 cm hohe Scheiben entstehen. Nochmals in Ei und Paniermehl tauchen, damit die Küchlein außen knusprig werden und beim Braten bzw. Frittieren nicht aufplatzen.

6 Die Küchlein bis zur Zubereitung im Kühlschrank aufbewahren. Da das Krebsfleisch bereits vorgekocht ist, müssen die Küchlein nur »aufgewärmt« werden. Entweder bei 180 °C frittieren oder in einer hohen Pfanne in mindestens 1 cm Pflanzenöl goldbraun braten. Auf Küchentüchern abtropfen lassen und anschließend die Limonenmayonnaise dazu servieren.

BABYCALAMARES

MIT LIMONEN, GRÜNEN CHILISCHOTEN & KORIANDER MARINIERT

Zusammen mit einem großen grünen Salat und einem Glas kalten Weißwein ist dies ein ideales Gericht für einen heißen Sommertag. Viele Leute denken, Tintenfisch wäre schwierig zuzubereiten, aber wenn man es einmal ausprobiert hat, ist es beim nächsten Mal ganz leicht.

FÜR 4 PERSONEN

FÜR DIE MARINADE

3 frische grüne Chilischoten (entkernt)
1 Bund Koriander (inklusive Stiele, gehackt)
2 Knoblauchzehen
Schale (abgerieben) und Saft von 2 Limonen
½ Stängel Zitronengras (gehackt)
2–3 EL Olivenöl
1 Prise Salz

FÜR DIE CALAMARES

3 Babytintenfische beziehungsweise ein normal großer pro Person (als Vorspeise oder leichter Lunch)
Meersalz
Limonensaft zum Beträufeln

1 Alle Zutaten für die Marinade mit einem Pürierstab oder in einem Mörser zu einer glatten Paste verarbeiten. Diese Marinade hält sich im Kühlschrank eine ganze Weile, solange sie vollständig mit Öl bedeckt ist, damit keine Luft darankommt.

2 Zur Vorbereitung des Tintenfischs die äußere Haut abziehen, die Arme aus dem Körper herausziehen und alle Innereien sowie das Rückgrat (sieht wie ein Plastikstäbchen aus) entfernen.

3 Die Tuben längs aufschneiden, wie ein Buch aufklappen und gründlich waschen. Dann die Tuben ganz durchschneiden, sodass von jedem Tintenfisch zwei Stücke bleiben. Die Innenseite der Tuben vorsichtig anritzen (aber nicht ganz durchschneiden!). Auf diese Weise wird erkennbar, wann der Tintenfisch, der sich beim Braten aufrollt, gar ist – und außerdem sieht es cool aus!

4 Die vorbereiteten Tintenfische mindestens 20 Minuten, aber nicht länger als 1 Stunde marinieren, sonst wird der Geschmack zu kräftig. Eine Grillpfanne (oder lieber gleich den Gartengrill) aufheizen und zuerst die Tentakel und dann die Tuben mit der angeritzten Seite nach unten hineinlegen. Die Tintenfische sind in höchstens 2 Minuten gar. Mit Meersalz würzen und mit Limonensaft beträufeln.

MARINIERTE HÜHNERSPIESSE

MIT EINEM MANGO-KRESSE-CASHEW-SALAT & EINEM LEICHTEN THAIDIP

FÜR 2 PERSONEN

2 Hühnerbrüste (in Streifen geschnitten)
1 Knoblauchzehe (zerdrückt)
1 cm frischer Ingwer (geschält, zerdrückt)
2 TL Sojasoße
Schale von 1 Zitrone
1 TL Zucker

FÜR DEN SALAT
Frühlingszwiebeln (schräg in Ringe geschnitten)
1 frische rote Chilischote (in Juliennestreifen geschnitten)
1 große Mango (geschält, entkernt, in Streifen geschnitten)
1 Bund frischer Koriander (nur die Blätter)
100 g Cashewkerne (leicht angeröstet)
1 Bund Kresse
1 Gurke (in Juliennestreifen – siehe S. 132 – geschnitten)

FÜR DEN DIP
4 EL thailändische Fischsoße (Nam Pla)
1 TL getrocknete rote Chilis (zerstampft)
1 Knoblauchzehe (geschält, fein gehackt)
1 EL Limonensaft
1 EL Zucker

ZUM SERVIEREN
1 Prise Zucker
1 Prise Salz
Limonenspalten
Satayspieße

1 Die Satayspieße über Nacht oder wenigstens einige Stunden in kaltem Wasser einweichen, damit sie beim Grillen nicht anbrennen.

2 Die Hühnerbruststreifen in eine Schüssel geben, mit Knoblauch, Ingwer, Sojasoße, Zitronenschale und Zucker vermischen und an einem kühlen Ort mindestens 20 Minuten, höchstens 2 Stunden marinieren lassen.

3 Eine Grillpfanne (oder den Grill) vorheizen und währenddessen alle Salatzutaten gut miteinander mischen.

4 Alle Zutaten für den Dip in einer kleinen Schüssel mischen.

5 Die Hühnerbruststreifen auf die Spieße auffädeln und von jeder Seite 2–3 Minuten braten beziehungsweise grillen. Den Salat mit je 1 Prise Zucker, Salz und 1 Spritzer Limonensaft abschmecken. Die Hühnerspieße mit dem Salat und dem Dip servieren.

GEGRILLTE LAMMKEULE

Dieses Rezept bietet eine etwas extravagantere Abwechslung zu langweiligen Fleischspießen und verkohlten Kartoffeln. Lammkeule ist auch preislich eine gute Alternative, wenn man bedenkt, dass meist acht Personen davon satt werden. Sollte etwas übrig bleiben, kann es am nächsten Tag zum Lunch als Sandwichbelag verwendet werden.
Obwohl man das Fleisch oft schon fertig vorbereitet bekommt, kann es sein, dass Sie Ihren Fleischer bitten müssen, die Keule zu entbeinen und das Fleisch so auszulösen, dass es rundherum gleich dick ist, damit es gleichmäßig gart. Die Marinade macht das Fleisch butterweich und verleiht ihm zusätzliches Aroma.

FÜR 6–8 PERSONEN

FÜR DIE MARINADE
Schale (abgerieben) und Saft von 2 Zitronen
6 Anchovis in Öl (abgetropft, fein gehackt)
1 TL Kreuzkümmelsamen
1 TL Fenchelsamen
2 Thymianzweige (nur die Blätter)
1 frische rote Chilischote (mit Kernen, fein gehackt)
100 ml Olivenöl
2–3 große Prisen Salz

1 Lammkeule (etwa 1 ½ kg schwer)

1 Alle Zutaten für die Marinade, inklusive Öl und Salz, in eine Schüssel geben und gut mischen.

2 Das Lamm auf ein Backblech legen und rundherum mit der Marinade einreiben. Anschließend das Fleisch mindestens 20 Minuten, idealerweise aber bis zu 24 Stunden im Kühlschrank ruhen lassen – je länger die Marinade einziehen kann, desto intensiver wird das Aroma.

3 Den Grill anheizen. Das Fleischstück direkt auf den Grillrost legen und auf jeder Seite etwa 12 Minuten für »medium-rare« (halb durch) und 15–18 Minuten für »gut durch« grillen. Währenddessen das Fleisch immer wieder mit der restlichen Marinade bestreichen.

4 Das Fleisch vom Grill nehmen und 5 Minuten ruhen lassen, damit sich der Fleischsaft setzen kann.

5 Die Lammkeule in dicke Scheiben schneiden. Dazu passen gegrillte Pilze mit Kirschtomaten.

TIPP Nehmen Sie das Fleisch 20 Minuten vor dem Grillen aus dem Kühlschrank. So erwärmt es sich wieder auf Raumtemperatur und gart gleichmäßiger.

GEBACKENES STUBENKÜCKEN

MIT GRANATAPFELGLASUR UND KAROTTEN-GRANATAPFEL-SALAT

Dieses Rezept eignet sich toll für ein großes Abendessen im Freien. Es ist frisch, gesund und leicht und hat durch die bunten Farben auch optisch eine tolle Wirkung. Für einen leichten Lunch rechnet man ein halbes Kücken pro Person, für ein Abendessen ein ganzes.

FÜR 4 PERSONEN ZUM LUNCH

2–4 Stubenkücken (in je vier Teile zerschnitten)

FÜR DIE MARINADE
50 ml Orangensaft
50 ml Granatapfelsaft
50 ml Olivenöl
1 EL Zucker
½ TL Zimt
1 TL Salz

FÜR DEN SALAT
3 große Karotten (geschält, mit dem Sparschäler in große Spiralen geschnitten)
1 mittelgroße rote Chilischote (entkernt, fein geschnitten)
3 Frühlingszwiebeln (schräg in Ringe geschnitten)
1 großer Granatapfel
½ Bund glattblättrige Petersilie (nur die Blätter)
2 große Handvoll Babymangold

FÜR DAS DRESSING
Saft von 1 Limone
1 Knoblauchzehe (geschält, gerieben)
1 cm frischer Ingwer (geschält, fein gerieben)
1 ½ TL Zucker
1 EL Olivenöl
1 Prise Salz
1 EL Granatapfelsaft

1 Handvoll Erdnüsse (geröstet, zerstampft)

1 Alle Zutaten für die Marinade in einer großen Schüssel mischen. Die Stubenkückenstücke sorgfältig mit der Marinade einreiben und mindestens 20 Minuten, idealerweise aber über Nacht im Kühlschrank einziehen lassen.

2 Für den Salat die Karottenspiralen in einer großen Schüssel mit der Chilischote und den Frühlingszwiebeln mischen. Die Kerne aus dem Granatapfel herauslöffeln und zusammen mit der Petersilie und dem Mangold in die Salatschüssel geben.
Alles gut durchmischen, das Dressing aber erst unmittelbar vor dem Servieren darübergeben.

3 Den Ofen auf 180 °C (Gas Stufe 4) vorheizen. Eine Grillpfanne auf dem Herd vorheizen und die Kückenstücke mit der Haut nach unten hineinlegen. Sobald sich das Grillmuster auf der Haut abzuzeichnen beginnt, die Pfanne vom Herd nehmen, die Stücke auf ein Backblech legen und das Ganze 12–15 Minuten in den Ofen stellen.

4 Für das Dressing alle Zutaten sorgfältig mischen, über den Salat geben, alles mit gerösteten Erdnüssen bestreuen und zum Stubenkücken servieren.

TIPP Falls Sie mehr Thymian, Rosmarin und Lorbeerblätter gekauft haben, als Sie benötigen, lassen sich diese problemlos für drei Monate einfrieren und schmecken trotzdem genauso gut wie frische Kräuter.

SOMMERLICHER HÜHNEREINTOPF

Das Tolle an diesem Rezept ist, dass es sich so leicht daran anpassen lässt, welche Zutaten Sie mögen. Es ist reichhaltig, gesund und – das Beste von allem – wird in einem einzigen Topf zubereitet. Wer will schon die ganze Zeit abwaschen? Versuchen Sie, für dieses Rezept ein Biohuhn zu kaufen, das überwiegend mit Mais gefüttert wurde. Es sind tatsächlich die besten Hühner! Bitten Sie Ihren Fleischer, das Huhn in acht Teile zu zerlegen.

FÜR 4 PERSONEN

1 ganzes, mittelgroßes Huhn oder 10 Hühnerkeulen
100 g Mehl
1 EL hochwertiges Olivenöl (extra vergine)
½ Flasche trockener Weißwein
1 Lorbeerblatt
2 Thymianzweige
Schale von ½ Zitrone (abgerieben)
2 Knoblauchzehen
Salz und schwarzer Pfeffer (frisch gemahlen)
6 kleine Kartoffeln (halbiert, mit Schale)
4 kleine Fenchelknollen (längs halbiert) oder
1 große Fenchelknolle (längs in 10 Stücke geschnitten)
1 Lauchstange (in 1 cm dicke Ringe geschnitten)
1 große weiße Zwiebel (geschält, in 6 Stücke geschnitten)
8 kleine Karotten (geschält, im Ganzen)
50 g Erbsen (frisch oder tiefgefroren)
225 g Babyspinat zum Servieren

1 Den Ofen auf 180 °C (Gas Stufe 4) vorheizen.

2 Die Hühnerteile leicht mit Mehl bestäuben, jeglichen Überschuss abschütteln.

3 Das Olivenöl in einer feuerfesten Kasserolle erhitzen, die groß genug ist, dass alle Hühnerteile bequem hineinpassen. Die Hühnerteile mit der Haut nach unten hineinlegen und rundherum schön bräunen lassen. Mit dem Wein ablöschen und das Lorbeerblatt, den Thymian, die Zitronenschale, den Knoblauch, Salz und Pfeffer sowie so viel Wasser zufügen, dass das Huhn ganz bedeckt ist. Das Ganze aufkochen lassen und zugedeckt für 20 Minuten in den vorgeheizten Ofen stellen.

4 Die Kasserolle wieder aus dem Ofen nehmen, sämtliches Wurzelgemüse hinzugeben und alles weitere 20 Minuten kochen lassen. Mit einem Messer prüfen, ob das Gemüse weich ist, dann die Erbsen zufügen und den Eintopf noch einmal 5 Minuten kochen lassen.

5 Zum Servieren je 1 Handvoll Spinat auf jeden tiefen Teller legen und den Eintopf darübergeben, sodass sich die Spinatblätter leicht wellen. Als Beilage kräftiges Bauernbrot zum Aufnehmen der leckeren Soße reichen.

GEGRILLTE DORADE

MIT FENCHEL UND ZITRONE

Im Ganzen gegrillter Fisch schmeckt einfach unheimlich lecker. Er ist nicht nur sehr gesund, sondern auch ganz leicht zuzubereiten und sieht klasse aus. Ich finde es wirklich langweilig, dass man in vielen Ländern immer nur Würstchen, Steaks oder Hamburger grillt. Dazu werden dann halb verbrannte Kartoffeln serviert, die niemanden wirklich satt machen.

FÜR 4 PERSONEN

4 ganze Doraden (entschuppt und ausgenommen)
1 Zitrone (in 8 Spalten geschnitten)
1 Fenchelknolle (halbiert und dann in dünne Scheiben geschnitten)
4 Lorbeerblätter
1 Bund glattblättrige Petersilie
2 EL Öl
Salz und schwarzer Pfeffer (frisch gemahlen)
100 ml Weißwein

1 Zuerst den Grill anheizen lassen – das sollte niemals Aufgabe des Kochs sein (es sei denn, die andere Person steht mehr im Weg herum, als dass sie nützlich ist … oder ist das nur bei mir zu Hause so?). Die Kohlen müssen richtig durchgeglüht sein, bevor man anfangen kann.

2 Den Fisch unter fließend kaltem Wasser sorgfältig abspülen. Anschließend die Körperhöhle mit gleich vielen Zitronenspalten und Fenchelscheiben füllen sowie ein Lorbeerblatt und etwas Petersilie hineinlegen. Den Fisch von innen und außen salzen und pfeffern.

3 Ein doppelte Lage Alufolie vorbereiten, die groß genug ist, um den ganzen Fisch bequem einzuwickeln. Jeder Fisch bekommt seine eigene Folie! Zwischen Alufolie und Fisch ein Stück Backpapier legen, damit die Haut der Dorade nicht festklebt.

4 Den Fisch auf das Backpapier legen und mit Öl beträufeln. Die Alufolie über der Dorade sorgfältig zusammenfalten, dabei aber ein kleines Loch lassen, durch das etwas Weißwein hineingegossen wird. Dann die Folie rundherum fest verschließen.

5 Sobald der Grill heiß genug ist, die Fischpakete darauflegen. Falls der Grill einen Deckel hat, diesen nun schließen. Nach 4–5 Minuten (beziehungsweise etwas länger, wenn die Fische sehr groß sind) die Pakete einmal umdrehen. Den Fisch auf der zweiten Seite noch einmal 4 Minuten grillen, dann herunternehmen und einen Augenblick ruhen lassen.
Direkt im Folienpaket servieren.

SEMIFREDDO AUS ZITRONE & LIMONE

Semifreddo, also Halbgefrorenes, ist das Beste, was man nach echtem Speiseeis zu Hause machen kann, wenn man keine Eismaschine besitzt. Im Grunde kann man dafür an Zutaten nehmen, was man mag, aber ich halte es am liebsten ganz simpel. Man kann dieses Dessert auch mit einem Schuss Alkohol aufpeppen, sollte aber sparsam mit dem Schnaps umgehen, sonst wird das Halbgefrorene nicht fest.
Wer das Ganze scheibenweise servieren möchte, benötigt eine Kastenform, die mit Frischhaltefolie ausgeschlagen ist. Genauso gut eignen sich aber auch eine Schüssel und ein Löffel zum Kugelformen.

FÜR 4–6 PERSONEN

500 ml Sahne
4 Eier (Eigelb und Eiweiß sorgfältig getrennt)
75 g Zucker
1 Prise Salz
Schale (abgerieben) von 4 und Saft von 2 Zitronen
Schale (abgerieben) und Saft von 3 Limonen
Gin oder Wodka (wahlweise), nicht mehr als 50 ml
frische Beeren zum Servieren

1 Die Sahne halbsteif schlagen. Das Eigelb mit dem Zucker schaumig schlagen und vorsichtig die Sahne unterheben.

2 In einer anderen, völlig fettfreien Schüssel das Eiweiß mit dem Salz steif schlagen. Anschließend das Eiweiß mit einem Metalllöffel nach und nach unter die Sahnemasse heben. Wenn alles gut gemischt ist, die Zitronen- und Limonenschale sowie den Saft hinzugeben.

3 Je nach Geschmack einen Schuss Alkohol zufügen. Das Ganze in eine Schüssel beziehungsweise Form gießen und mindestens 4–5 Stunden im Eisschrank fest werden lassen. Zum Servieren mit frischen Beeren garnieren.

TIRAMISU

Tiramisu ist ein sehr »erwachsenes« Dessert. Ich kenne kein Kind, das alles davon isst und nicht nur die oberste Schicht herunterlöffelt. Und nicht vergessen: Tiramisu ist ziemlich schwer, deswegen reicht es, das Dessert in kleinen Gläsern zu servieren.

FÜR 6–8 GLÄSER

10 Amarettini (zerbröselt)
100 ml Marsala
2 doppelte Espressi (oder sehr starker Kaffee)
3 Eigelb
100 g Puderzucker
250 g Mascarpone
Kakaopulver zum Bestäuben

1 Die zerbröselten Amarettini unten in die Gläser geben. Gleich viel Marsala und Kaffee (nur die Hälfte der Gesamtmenge verwenden!) darüberlöffeln (es sollte stark und nach Alkohol schmecken).

2 Das Eigelb mit dem Puderzucker verrühren. Den Mascarpone mit dem restlichen Marsala und Kaffee mischen und die Ei-Zucker-Mischung unterheben.

3 Die Gläser mit der Mischung auffüllen und oben glatt streichen. Einige Stunden kalt stellen und unmittelbar vor dem Servieren mit Kakaopulver bestäuben.

ITSY-BITSY-TEENY-WEENY-TRIFLES

Okay, ich gebe zu, Trifles sind etwas altmodisch und kitschig, aber in England liebt sie jeder, und überall auf der Welt wird niemand diesen kleinen Portionen widerstehen können. Wer schon einmal ein Trifle gemacht hat, weiß, wie unwiderstehlich es mit seinen bunten Schichten anfangs aussieht – nach dem Servieren ist es dann aber nicht mehr so hübsch. Also habe ich das Ganze kurzerhand in kleine Gläschen abgefüllt. Zum Servieren können Sie praktisch alle kleinen Gläser nehmen, die bei Ihnen zu Hause herumstehen, zum Beispiel Schnapsgläser.

FÜR 5–6 KLEINE GLÄSER

100 ml Sahne
50 g Zucker
Ausgekratztes Mark einer Vanilleschote
1/4 Sandkuchen (klein geschnitten und zerbröselt)
50 ml Madeira oder lieblicher Sherry, plus etwas mehr zum Beträufeln
Erdbeermarmelade (selbst gemacht, siehe S. 57, oder gekauft) oder Himbeermarmelade
100 ml Eiercreme (selbst gemacht, siehe S. 156, oder gekauft)
125 g frische Himbeeren (oder andere Beeren)

1 Die Sahne mit dem Zucker und dem Vanillemark steif schlagen. Falls die Eiercreme selbst gemacht wird, die ausgekratzte Vanilleschote zum Aromatisieren der Milch aufheben.

2 Den Sandkuchen unten in die Gläser geben. Etwas Madeira oder Sherry – etwa 1 TL – darüberträufeln. Darauf einen Löffel Erdbeermarmelade geben.

3 Als Nächstes die Eiercreme einfüllen, darauf ein paar Beeren legen und etwas Madeira darüberträufeln. Zuletzt das Ganze mit der Vanillesahne bedecken. Die Oberseite glatt streichen und nach Wunsch mit den Beeren dekorieren.

BESCHWIPSTES BEERENGELEE

Für Gäste, die Früchte in Alkohol einer leckeren Creme vorziehen, ist dies genau die richtige Nachspeise.

FÜR 6–8 KLEINE GLÄSER

2 Blatt Gelatine
50 ml Crème de Cassis oder ein ähnlicher Beerenlikör
50 ml Wodka
200 ml Apfelsaft
200 g Zucker
6 Erdbeeren
10 Himbeeren
10 Blaubeeren

1 Die Gelatine 20 Minuten in kaltem Wasser einweichen.

2 Den Likör und den Wodka vorsichtig mit dem Apfelsaft und dem Zucker erwärmen, bis sich der Zucker ganz aufgelöst hat. Die Gelatine darin auflösen. Die Masse durch ein Sieb gießen, damit alles, was sich nicht ganz aufgelöst haben sollte, darin hängen bleibt.

3 Die Beeren in die Gläser geben und die warme Flüssigkeit darübergießen. Anschließend die Masse in den Gläsern 3–4 Stunden lang im Kühlschrank fest werden lassen. Das Gelee hält sich im Kühlschrank bis zu 4 Tage.

PFIRSICH-BASILIKUM-GRANITA

Dieses Rezept ist eine supererfrischende Alternative zu einem Fruchtsorbet, falls man keine Eismaschine besitzt. Dosenpfirsiche im eigenen Saft, nicht in Sirup, eignen sich am besten.

FÜR 4 PERSONEN

500 ml Pfirsichpüree (aus Dosenpfirsichen)
160 g Zucker
50 ml Wasser
Saft von 1 Zitrone
1 Bund Basilikum (einige Blätter zum Garnieren aufheben)

1 Für das Püree die Dosenpfirsiche mit dem Mixer pürieren.

2 Den Zucker mit dem Wasser, dem Zitronensaft und dem Basilikum langsam aufkochen, bis sich der Zucker aufgelöst hat. Abkühlen lassen. Das Aroma des Basilikums zieht dabei in den Sirup.

3 Den abgekühlten Sirup unter das Püree rühren. Das Ganze in eine Plastikschüssel geben und einfrieren. Alle halbe Stunde mit einer Gabel durchrühren, um die sich bildenden Eiskristalle aufzubrechen.

4 Nach 2–3 Stunden, wenn die Masse fest ist, zum Servieren mit Basilikumblättern dekorieren.

Herbst- und Wintergerichte

Dies sind meine Lieblingsgerichte, wenn ich es mir einmal so richtig gut gehen lassen will – sie sind warm, herzhaft und einfach wunderbar, um die kalte Jahreszeit in Schach zu halten. Nutzen Sie doch einfach Lieblingsrezepte aus Ihrer Kindheit als Inspiration. Gemeint ist die Art von Rezepten, die das ganze Haus mit wundervollem Duft erfüllen und allen den Magen knurren lassen. Hier sollte man stets darauf gefasst sein, dass die Gäste noch einen Nachschlag wollen!

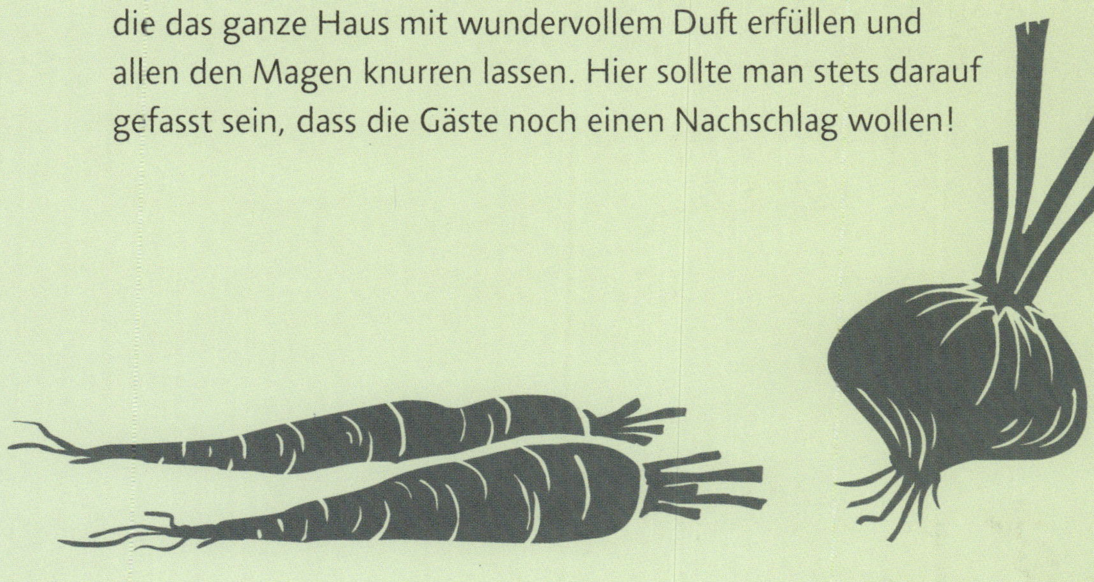

WINTERGEMÜSE

Wintergemüse wird auf eine bestimmte Art und Weise zubereitet. Kartoffeln werden gekocht oder gebraten, und der Kohl kommt in den Eintopf – oder nicht? Wie wäre es, einmal etwas Ungewöhnliches, vielleicht ein bisschen Abenteuerliches, aber auf alle Fälle Leckeres auszuprobieren?

GEBACKENE PASTINAKEN

Pastinaken sind schneller zuzubereiten und gesünder als die guten alten Kartoffeln.

FÜR 6 PERSONEN

6–8 Pastinaken
2 EL Olivenöl
Salz und schwarzer Pfeffer (frisch gemahlen)
1 EL Honig

1 Den Ofen auf 190 °C (Gas Stufe 5) vorheizen.

2 Die Pastinaken schälen und in Achtel schneiden. Das holzige Innere der einzelnen Stücke herausschneiden.

3 Die Pastinaken auf ein Backblech legen, Öl darübergießen, mit Salz und Pfeffer bestreuen und den Honig darüberträufeln. Die Stücke sollten rundherum gut mit der Mischung bedeckt sein. 15–20 Minuten im Ofen goldbraun und knusprig backen.

TIPP

Verwenden Sie möglichst kleine Pastinaken, da diese süßer und in der Mitte weniger holzig sind.

BLUMENKOHLPUFFER

Jeder mag Blumenkohl mit Käse, und dieses Rezept bietet eine sehr leckere Variante. Es eignet sich prima als Beilage oder als vegetarische Vorspeise.

FÜR ETWA 16 STÜCK

½ großer Blumenkohl (in Röschen geschnitten)
60 g Mehl
1 TL Backpulver
60 g Cheddar oder Gruyère (gerieben)
½ TL Muskatnuss
½ TL getrocknete rote Chilischoten
Salz und schwarzer Pfeffer (frisch gemahlen)
2 Eier
500 ml Pflanzenöl zum Braten oder Frittieren

1 Die Blumenkohlröschen weich (aber nicht matschig) kochen, schließlich sollen die Puffer noch etwas Biss haben.

2 Die Röschen unter kaltem Wasser abschrecken, damit der Garvorgang gestoppt wird. In kleine Stücke hacken und in eine Schüssel geben.

3 Das Mehl und das Backpulver in eine Schüssel sieben. Käse, Muskatnuss und Chili hinzugeben, salzen und pfeffern. In die Mitte eine Mulde drücken und die Eier hineinschlagen. Das Ganze mit einem Holzlöffel langsam verrühren, bis alles gut vermischt ist und sich die meisten Klümpchen aufgelöst haben. Den Blumenkohl sorgfältig unterheben.

4 Das Öl auf 170 °C erhitzen – vorzugsweise in der Fritteuse. Ein hoher Topf funktioniert aber auch. Gibt man ein Stück Brot hinein und das Fett fängt sofort an zu blubbern, stimmt die Temperatur.

5 Die Blumenkohlmischung löffelweise in das heiße Öl gleiten lassen. Achtung, hierbei kann es spritzen! Die Puffer goldbraun frittieren, auf Küchenpapier abtropfen lassen, mit Salz und Pfeffer bestreuen und heiß servieren.

TIPP Den Topf höchstens zur Hälfte mit Öl befüllen und niemals zu viele Puffer gleichzeitig frittieren, sondern lieber portionsweise arbeiten.

DAUPHINESELLERIE

Butter zum Einfetten
2 Sellerieknollen (geschält)
200 ml Sahne
50 g Butter
2 Knoblauchzehen (geschält, dünn geschnitten)
2 Thymianzweige (nur die Blätter)
Salz und schwarzer Pfeffer (frisch gemahlen)

1 Den Ofen auf 180 °C (Gas Stufe 4) vorheizen. Eine 5 cm hohe Auflaufform sorgfältig einfetten.

2 Die Sellerieknollen in hauchdünne Scheiben schneiden. Ein Mandolinen-Gemüsehobel wäre dazu ideal.

3 Die Sahne und die Butter in einem Topf aufkochen lassen und dann vom Herd nehmen.

4 Eine Schicht der Creme in die Auflaufform geben. Darauf eine Schicht Sellerie verteilen und diese mit etwas Knoblauch und Thymian bestreuen. Eine weitere Schicht Creme daraufgeben, das Ganze mit Salz und Pfeffer bestreuen und den Vorgang wiederholen. Es sollten insgesamt 4–5 Schichten werden. Nach jeder Schicht alles gut andrücken.

5 Als Letztes noch einmal eine Schicht Creme obenaufgeben und diese mit Salz und Pfeffer sowie Thymian bestreuen.

6 Die Auflaufform 1–1 ½ Stunden in den Ofen stellen. Falls die Oberseite zu dunkel wird, mit Alufolie oder Backpapier abdecken. Mit einem Messerstich in die Mitte prüfen, ob der Sellerie weich ist, und den Auflauf ganz heiß servieren.

GEBACKENE ROTE BETE MIT BALSAMICO

Wenn Sie glauben, Rote Bete sei etwas, das man nur eingelegt oder vorgekocht und vakuumverpackt im Supermarkt kauft, haben Sie sich getäuscht. Frische Rote Bete lässt sich vielfältig zubereiten, und ihr erdiges Aroma passt gut zu kräftigen Fleischgerichten.

FÜR 6 PERSONEN

6 große frische Rote Beten (geputzt)
100 ml Aceto Balsamico
100 ml Olivenöl, plus etwas mehr zum Beträufeln
6 Thymianzweige
Meersalz und schwarzer Pfeffer (frisch gemahlen)

1 Den Ofen auf 160 °C (Gas Stufe 3) vorheizen.

2 Sechs 20 cm große Quadrate aus Alufolie ausschneiden. In die Mitte jedes Quadrats eine Rote Bete legen und mit je 1 EL Balsamico und Olivenöl übergießen. Einen Thymianzweig hinzugeben und das Ganze kräftig mit Salz und Pfeffer würzen.

3 Die Folienpakete fest verschließen und auf ein Backblech setzen. In den Ofen stellen und etwa 1 ½ Stunden backen. Mit einem Messer prüfen, ob die Rote Bete gar ist. Sie werden nicht ganz so weich wie eine Kartoffel.

4 Zum Servieren die Folienpakete öffnen, den oberen Teil der Knollen abschneiden und alles mit noch etwas Olivenöl beträufeln.

CREMIGER WIRSINGKOHL MIT RÄUCHERSPECK

Die perfekte Kombination.

FÜR 6 PERSONEN

1 Kopf Wirsingkohl
20 g Butter
100 g Räucherspeck (gewürfelt)
75 ml Sahne
Salz und schwarzer Pfeffer (frisch gemahlen)
50 g gekochte Maronen (vakuumverpackt erhältlich, grob gehackt)

1 Nur die zähen äußeren Blätter des Kohls entfernen, die übrigen waschen, abtropfen und fein schneiden.

2 Die Butter in einer großen Pfanne schmelzen und darin den Speck goldbraun anbraten. Den Kohl mit einem Schuss Wasser hinzugeben und eine Weile dünsten. Die Pfanne darf dabei nicht zugedeckt werden, sonst wird der Kohl braun.

3 Wenn der Kohl etwas zusammengefallen ist, die Sahne dazugeben und alles kräftig mit Salz und Pfeffer abschmecken.

4 Die Sahne noch ein wenig einkochen lassen, bis keine Flüssigkeit mehr übrig ist, dann die Maronen hinzugeben und sofort servieren.

HERBSTLICHER SALAT MIT ENTE UND PFLAUMEN

Für mich repräsentiert dieser Salat nahezu perfekt den Herbst. Er ist unheimlich leicht zuzubereiten, und man kann dafür die Reste der Ente vom Sonntag verwenden oder einfach ein paar Entenkeulen braten, die solch einen fantastischen Geschmack haben und trotzdem viel zu selten gegessen werden. Die Pflaumen ergänzen das herzhafte Entenfleisch und bereichern das Ganze um eine warme Komponente.

FÜR 4 PERSONEN

FÜR DIE MARINADE
4 Nelken
1 Zimtstange
2 Sternanis
6 Pfefferkörner
4 Wacholderbeeren
1 TL Salz

4 Entenkeulen
2 EL Honig
2 EL Olivenöl
300 ml Rotwein
50 g Zucker
6 Pflaumen (nicht zu reif, halbiert, entsteint)
2 EL Aceto Balsamico
Eine Mischung verschiedener Herbstsalate wie Radicchio, Eichblattsalat, roter Mangold, Kerbel, Rucola und so weiter
Salz und schwarzer Pfeffer (frisch gemahlen)
75 g Walnusskernhälften

1 Den Ofen auf 160 °C (Gas Stufe 3) vorheizen.

2 Die Hälfte der Gewürze für die »trockene« Marinade mit dem Salz in einem Mörser zerstoßen. Die Entenkeulen in eine Kasserolle legen, mit 1 EL Honig und dem Öl einreiben, die Gewürze darüberstreuen. Die Form etwa 2 Stunden in den heißen Ofen schieben, bis das Fleisch weich ist. Falls sie in der Zwischenzeit zu trocken wirken, 1 Spritzer Rotwein in die Kasserolle geben, damit etwas Dampf entsteht.

3 Für die Pochierflüssigkeit den Wein in einen Topf füllen und die restlichen Gewürze sowie den Zucker hinzugeben. Die Pflaumen hineinlegen und etwa 20 Minuten bei niedriger Hitze köcheln. Die Pflaumen sollten noch fest sein, aber die Farbe der Flüssigkeit angenommen haben. Den Topf vom Herd nehmen und die Pflaumen im Sud ziehen lassen, bis die Entenkeulen gar sind.

4 Die fertigen Entenkeulen aus der Form nehmen und leicht abkühlen lassen. Die Kasserolle auf den Herd stellen und den Fond mit einem Teil der Pochierflüssigkeit ablöschen. Angebackene Reste vom Boden sorgfältig abkratzen. 1 EL Honig und den Balsamico hineingeben.

5 Die Flüssigkeit etwas abkühlen lassen, in der Zwischenzeit das Entenfleisch mit Haut von den Keulen lösen und in mundgerechte Stücke zerrupfen.

6 Das Fleisch mit dem Salat mischen, mit der warmen Soße übergießen und abschmecken. Auf Teller verteilen und mit den Pflaumen und Walnusskernen anrichten.

RINDERSCHMORTOPF

Dieses Schmorgericht ist die ideale Wintermahlzeit und ein perfektes Familienessen. Es hat allerdings keinen Sinn, es nur für zwei Personen zu kochen. Man benötigt eine große Kasserolle, die auf den Herd und in den Ofen gestellt werden kann. Und damit das Fleisch besonders zart und aromatisch wird, sollte das Ganze so langsam wie möglich gekocht werden. Man kann es zum Beispiel tagsüber in aller Ruhe zubereiten und braucht es abends nur noch rasch aufzuwärmen.

FÜR 6–8 PERSONEN

- 100 g Mehl
- 1 ½ kg Rinderkamm (in Portionen à 200–225 g geschnitten)
- 50 ml Pflanzenöl zum Braten
- ½ Flasche Rotwein (nicht den billigsten nehmen!)
- 4 Zweige Thymian
- 4 Lorbeerblätter
- 5 Wacholderbeeren
- 1 Knoblauchknolle (quer halbiert)
- 1 l Rinderbrühe (Brühwürfel sind in Ordnung)
- 2 EL Worcestersoße
- 6 Schalotten (geschält, halbiert)
- 2 Karotten (geschält, jeweils in 3–4 Stücke geschnitten)
- 1 Lauchstange (geputzt, wie die Karotten geschnitten)
- 2 Selleriestangen (geputzt, wie die Karotten geschnitten)
- Salz und schwarzer Pfeffer (frisch gemahlen)

1 Das Mehl auf einen Teller geben und darin die Fleischstücke von allen Seiten wälzen. Restliches Mehl abschütteln. Das Öl in einem Topf erhitzen und die Fleischstücke anbraten. Falls nicht alle Stücke in den Topf passen, portionsweise arbeiten.

2 Das Fleisch wieder aus dem Topf nehmen und den Bratensatz mit dem Rotwein ablöschen. Dabei den Boden sorgfältig abkratzen – die angebackenen Reste geben der ganzen Sache Aroma.

3 Das Fleisch wieder in den Topf legen und Thymian, Lorbeerblätter, Wacholderbeeren, Knoblauch, Brühe sowie Worcestersoße hinzufügen. Alles aufkochen lassen und den Topfdeckel auflegen.

4 Das Gericht kann bei geringer Hitze auf dem Herd oder bei 160 °C (Gas Stufe 3) im heißen Ofen geschmort werden.

5 Nach 2 ½–3 Stunden das Gemüse hinzufügen und alles weitere 1–1 ½ Stunden köcheln lassen. Hin und wieder nachsehen, ob das Fleisch und das Gemüse noch von der Brühe bedeckt sind. Wenn nicht, noch etwas Brühe nachgießen.

6 Ist das Fleisch gar, alles sorgfältig salzen und pfeffern. Dazu passen ein cremiger Kartoffelbrei und gebackene Pastinaken (siehe S. 88).

TIPP Wie alle Eintöpfe oder Schmorgerichte wird auch dieses Gericht noch würziger, wenn es eine Weile durchziehen kann. Es ist daher ideal, es 1–2 Tage im Voraus zu kochen und im Kühlschrank aufzubewahren.

SCHWEINSHACHSE MIT AHORNSIRUPGLASUR

Schweinshachsen sind meist recht preiswert, butterweich und unheimlich lecker, aber trotzdem kommen sie immer seltener auf den Tisch.

FÜR 3–4 PERSONEN (MIT RESTEN FÜR DIE PICCALILLI-SANDWICHES AUF S. 42)

2 Schweinshachsen
2 Karotten
1 Selleriestange
1 Zwiebel (geschält)
4 Nelken
2 Lorbeerblätter
4 Pfefferkörner

FÜR DIE GLASUR
1 EL Dijonsenf
75 ml Ahornsirup
1 TL Zimt (gemahlen)
1 TL Nelken (gemahlen)

1 Die Schweinshachsen mit Wasser bedecken und mindestens 1 Stunde (besser über Nacht) darin einweichen. Das Wasser mindestens einmal wechseln.

2 Das Gemüse (ungeschält) und die Zwiebel in 5 cm große Stücke schneiden. Die eingeweichten Schweinshachsen in einen großen Topf legen, das Gemüse und die Gewürze zugeben. Das Ganze mit Wasser aufgießen und zugedeckt langsam aufkochen lassen. Falls sich Schaum an der Oberfläche bildet, diesen regelmäßig abschöpfen. Die Hachsen mindestens 3 Stunden kochen, beziehungsweise bis sich das Fleisch vom Knochen löst.

3 Den Ofen auf 200 °C (Gas Stufe 6) vorheizen.

4 Die Hachsen aus dem Sud nehmen, auf ein Backblech legen und etwas abkühlen lassen. Die dicke Fettschicht weitestgehend abschneiden und das Fleisch mit dem Senf bestreichen. Den Ahornsirup darübergießen und das Ganze mit Zimt- und Nelkenpulver bestreuen.

5 Das Blech in den Ofen stellen und die Hachsen etwa 15 Minuten backen, bis der Sirup karamellisiert ist. Aus dem Ofen nehmen, kurz abkühlen lassen und das Fleisch von den Knochen lösen.

6 Dazu passen gebackene Zimtquitten (siehe S. 105) und ein knackiger Salat, zum Beispiel Friséesalat.

GESCHMORTE LAMMSCHULTER

MIT FLAGEOLETBOHNEN

Dieses Rezept ist leicht vorzubereiten, das heißt, im Grunde muss man gar nichts vorbereiten! Ich liebe es, weil es eine nette Abwechslung zum klassischen Sonntagsbraten darstellt und in einem einzigen Topf gekocht wird.
Selbst qualitativ wirklich gute Lammschulter ist meist relativ preiswert, und man bekommt davon eine ganze Familie satt. Wie die meisten Wintergerichte sollte es langsam und gemütlich gekocht werden.

FÜR 6–8 PERSONEN

2 EL Olivenöl
1 Lammschulter (mit Knochen, darin steckt das ganze Aroma!)
Salz und schwarzer Pfeffer (frisch gemahlen)
2 weiße Zwiebeln (geschält, in Achtel geschnitten)
1 Knoblauchknolle (quer halbiert)
½ Flasche Weißwein
1 l Hühner-, Lamm- oder Gemüsebrühe
2 Lorbeerblätter
Schale von 2 Zitronen (sehr fein abgerieben)
4 Pfefferkörner
3 Zweige Rosmarin
800 g Flageoletbohnen (grüne Bohnenkerne, aus der Dose)
400 g Cannellinibohnen (aus der Dose)

1 Den Ofen auf 160 °C (Gas Stufe 3) vorheizen.

2 Das Olivenöl in einer großen Kasserolle erhitzen. Das Fleisch salzen und pfeffern, rundherum goldbraun anbraten und wieder aus dem Topf nehmen. Die Zwiebeln und den Knoblauch ebenfalls anbraten.

3 Den Bratensatz in der Kasserolle mit Weißwein ablöschen und das Fleisch wieder hineinlegen. Alles aufkochen lassen und die Brühe angießen. Wieder aufkochen lassen und sämtlichen Schaum von der Oberfläche abschöpfen.

4 Die Lorbeerblätter, die Zitronenschale, die Pfefferkörner und den Rosmarin in den Topf geben. Zudecken und für 2 ½–3 Stunden in den heißen Ofen stellen. Hin und wieder prüfen, ob das Fleisch noch bedeckt ist; falls nicht, etwas Wein oder Brühe nachgießen.

5 Die Kasserolle aus dem Ofen nehmen und die Bohnen hinzufügen. Offen weitere 30 Minuten köcheln lassen.

6 Den Knoblauch entnehmen, er wird nicht mehr gebraucht. Zur Lammschulter passt leuchtend grünes Gemüse.

WILDPASTETE

FÜR 6 PERSONEN

400 g mageres Wild (Reh, Fasan, Rebhuhn et cetera ohne Knochen)
2 Hühnerkeulen (ohne Haut und Knochen)
Salz und schwarzer Pfeffer (frisch gemahlen)
2 EL Mehl
1 weiße Zwiebel (geschält, geschnitten)
1 Knoblauchzehe (geschält, zerdrückt)
4 Wacholderbeeren (zerdrückt)
1 EL Petersilie (gehackt)
1 kleines Lorbeerblatt
1 EL Worcestersoße
½ kleines Glas Rotwein
200 ml Rinderbrühe (abgekühlt)

FÜR DIE PASTETE
Butter zum Einfetten
175 g Schweineschmalz
350 g Mehl
2 TL Backpulver
1 TL Kurkuma
Salz und schwarzer Pfeffer (frisch gemahlen)
Einige Tropfen kaltes Wasser

1 Eine 1 l fassende Puddingform sorgfältig einfetten und den Boden mit einem Stück Backpapier auslegen.

2 Das Schweineschmalz in eine Schüssel geben, Mehl, Backpulver und Kurkuma hineinsieben und mit ein bisschen Salz und Pfeffer würzen. Wasser zugeben und mit den Händen so lange einen Teig kneten, bis er glatt und elastisch ist. Kann einige Minuten dauern.

3 Ein Viertel des Teiges abschneiden und den Rest 0,5 cm dick ausrollen. Die Puddingform mit dem Teig ausschlagen und etwas über den Rand überstehen lassen. Das restliche Teigviertel so groß ausrollen, dass es einen »Deckel« für die Puddingform bildet.

4 Wild und Geflügel in eine Schüssel geben, würzen und mit Mehl bestäuben. Die Zwiebel, den Knoblauch, die Wacholderbeeren, die Petersilie, das Lorbeerblatt und die Worcestersoße untermischen. Alles in die Puddingform füllen, etwas Rotwein darübergießen und mit der kalten Brühe auffüllen. Die Füllung sieht zu diesem Zeitpunkt sehr dünn und etwas seltsam aus.

5 Den überhängenden Teig anfeuchten, den Teigdeckel auflegen und alles fest andrücken, damit die Pastete gut verschlossen ist. Darüber ein Stück Backpapier und eine doppelte Schicht Alufolie legen und am Rand mit einer Schnur zubinden.

6 Ein Dampfbad vorbereiten. Dazu einen umgedrehten Teller in einen großen Topf legen, den Topf bis zur Hälfte mit kochendem Wasser füllen und die Puddingform auf den Teller stellen. Den Topf mit einem fest schließenden Deckel zudecken und das Ganze bei geringer Hitze 3 Stunden dämpfen. Von Zeit zu Zeit kochendes Wasser nachgießen. Achtung, das Wasser soll nicht zu stark kochen!

7 Die Puddingform aus dem Dampfbad holen und 10 Minuten stehen lassen. Die Folie und das Backpapier entfernen und die Puddingform auf einen Teller stürzen. Vorsichtig die Form entfernen, damit die Pastete unversehrt zum Vorschein kommt. In Stücke schneiden und servieren.

GEWÜRZBUTTERKEKSE, ZIMTEIS & GEBACKENE FEIGEN

Dieses Rezept besteht aus drei Teilen, aber zwei davon können bereits bis zu einer Woche im Voraus vorbereitet werden. Nur die Feigen sollten erst kurz vor dem Servieren gebacken werden.

GEWÜRZBUTTERKEKSE

FÜR 10–12 KEKSE

125 g weiche Butter
60 g Zucker, plus etwas mehr zum Bestäuben
180 g Mehl, plus etwas mehr zum Ausrollen
½ TL Zimt (gemahlen)
½ TL Ingwer (gemahlen)
½ TL Piment (gemahlen)

1 Den Ofen auf 180 °C (Gas Stufe 4) vorheizen. Ein Backblech mit Backpapier auslegen.

2 In einer Schüssel die Butter mit dem Zucker schaumig schlagen.

3 Die trockenen Zutaten hineinsieben und alles gut verrühren. Eine Arbeitsfläche leicht einmehlen und aus dem Teig eine Kugel formen. Diese in Frischhaltefolie gewickelt für 20 Minuten in den Kühlschrank legen.

4 Ein Nudelholz einmehlen und den Teig auf der Arbeitsfläche 1 cm dick ausrollen.

5 Den Teig in Streifen schneiden oder Kreise ausstechen, mit Zucker bestäuben und 10 Minuten kalt stellen.

6 Anschließend auf dem Backblech im heißen Ofen 15–20 Minuten goldbraun backen. Aus dem Ofen nehmen und vollständig abkühlen lassen. In einem luftdichten Behälter halten sich die Kekse mindestens eine Woche.

ZIMTEIS

FÜR 10–12 PORTIONEN

300 ml Sahne
1 Zimtstange
1 Lorbeerblatt
½ TL Zimt (gemahlen)
4 Eigelb
100 g Zucker

1 Die Sahne mit der Zimtstange, dem Lorbeerblatt und dem Zimtpulver in einem Topf köcheln, aber nicht aufkochen lassen.

2 In der Zwischenzeit das Eigelb mit dem Zucker aufschlagen. Kurz bevor die Sahne anfangen würde zu kochen, das Ganze zur Eimischung geben und dabei ständig rühren, damit kein Rührei entsteht!

3 Die Mischung wieder in den Topf gießen und noch einige Minuten köcheln, bis sie einzudicken beginnt. Dabei ständig umrühren (am besten mit einem Pfannenwender aus Gummi).

4 Sobald die Mischung eingedickt ist, durch ein Sieb gießen und leicht abkühlen lassen.

5 Falls eine Eismaschine vorhanden ist, kann die Creme nun hineingegossen werden. Wenn nicht, tut es auch eine Schüssel. Diese in den Eisschrank stellen und alle 20–30 Minuten umrühren, bis die Creme fest geworden ist. Sobald die Mischung fest ist, die Schüssel mit Frischhaltefolie zudecken. Darauf achten, dass die Folie direkt auf dem Eis aufliegt, dann bilden sich keine Eiskristalle.

GEBACKENE FEIGEN

FÜR 5 PORTIONEN

10 reife Feigen
10 TL Honig
Schale (abgerieben) und Saft von 1 Orange

1 Den Ofen auf 180 °C (Gas Stufe 4) vorheizen.

2 Die Feigen oben kreuzförmig einschneiden und den Boden nach oben drücken, sodass sie sich wie Blumen öffnen. Auf ein kleines Backblech legen.

3 Auf jede Frucht 1 TL Honig und etwas Orangenschale geben. Den Orangensaft auf das Backblech gießen. Die Feigen im heißen Ofen 10–12 Minuten backen und nach 5–6 Minuten mit ein wenig Orangensaft übergießen, damit sie saftig bleiben.

4 Zum Servieren auf jedem Teller zwei heiße Feigen zusammen mit einer Kugel Zimteis und zwei Keksen anrichten.

ECHTE ZITRONEN-BAISER-PIE

Dieses Dessert backte meine Mama immer sonntags, wenn meine Großmutter zum Essen kam, denn es war ihr Lieblingsdessert. Deshalb widme ich ihr dieses Rezept.

FÜR EINE PIE VON 22–25 CM DURCHMESSER

Butter zum Einfetten
1 x Mürbeteig (siehe S. 156)
Mehl zum Ausrollen
Trockene Bohnen zum Blindbacken

FÜR DIE FÜLLUNG
2 ½ EL Speisestärke
260 ml Wasser
50 g Zucker
Schale (abgerieben) und Saft von 3 Zitronen
3 Eigelb (das Eiweiß für das Baiser aufheben)
50 g Butter

FÜR DAS BAISER
3 Eiweiß
180 g Zucker

1 Den Ofen auf 190 °C (Gas Stufe 5) vorheizen. Die Pieform (eine Spring- oder Tarteform ist auch okay) gut einfetten.

2 Den Teig aus dem Kühlschrank nehmen und auf einer leicht bemehlten Arbeitsfläche ausrollen, bis er etwas größer als die Kuchenform ist. Den Teig sorgfältig in die Form drücken, sodass zwischen Teig und Form keine Luft eingeschlossen ist.

3 Die Ränder gegebenenfalls abschneiden und den Boden mit einer Gabel mehrmals einstechen. Anschließend den Teig in der Form noch einmal 20 Minuten kalt stellen. Danach mit Backpapier bedecken, trockene Bohnen darauffüllen und das Ganze 12 Minuten goldbraun blindbacken. Das Papier und die Bohnen entfernen und den Teig weitere 5 Minuten backen.

4 In der Zwischenzeit die Füllung vorbereiten. Die Speisestärke mit etwas Wasser zu einer glatten Paste verrühren. Den Zucker, das restliche Wasser und die Zitronenschale langsam aufkochen lassen. Die Speisestärke hineingießen und weiterrühren, bis die Masse einzudicken beginnt. Sobald sie wie weicher Pudding aussieht, vom Herd nehmen.

5 Das Eigelb mit dem Zitronensaft und der Butter aufschlagen. Die heiße Masse langsam über die Eigelbmischung gießen und dabei ständig weiterrühren. Ist sie glatt, in die Pieform füllen.

6 In einer völlig fettfreien Schüssel das Eiweiß ganz steif schlagen und dabei nach und nach den Zucker einrieseln lassen.

7 Die Baisermasse auf der Pie verteilen und die Ränder glatt streichen. Mit der Gabel kleine Spitzen aus dem Baiser herausziehen und den Kuchen anschließend 45 Minuten backen, bis das Baiser goldbraun und knusprig ist.

8 Vor dem Servieren die Pie möglichst ganz auskühlen lassen.

BROTPUDDING

Obwohl er so heißt, besteht dieser Pudding nicht nur aus Brot und Butter. Er ist fruchtig, würzig, klebrig und süß – alles auf einmal.

FÜR 6 GROSSZÜGIGE PORTIONEN

Butter zum Einfetten
150 g weiche Sultaninen
50 ml Brandy
1 Laib dunkles Brot (Rand abgeschnitten)
275 ml Milch
50 g kandierte Orangenschale
25 g kandierte Zitronenschale
50 g Butter (geschmolzen)
80 g weicher brauner Zucker (Muscovado wäre ideal)
1 Ei
Schale von 1 Zitrone (abgerieben)
Schale von 1 Orange (abgerieben)
1 TL Lebkuchengewürz

1 Den Ofen auf 180 °C (Gas Stufe 4) vorheizen. Eine 15 x 20 cm große, 5 cm tiefe Backform einfetten.

2 Die Sultaninen in dem Brandy einweichen. Das Brot in 1–2 cm große Stücke zerrupfen und die Milch darübergießen. Warten, bis das Brot die Milch ganz aufgesogen hat.

3 Alle restlichen Zutaten in eine große Schüssel geben, inklusive Sultaninen und Brandy. Sobald alles gut gemischt ist, das Brot unterrühren.

4 Alles in die Backform füllen und 1–1 ½ Stunden im heißen Ofen backen. Gleich heiß aus der Backform servieren. Dazu passt heiße Eiercreme (siehe S. 156).

GEBACKENE ZIMTQUITTEN

FÜR 3–4 PERSONEN

2 Quitten
75 g Butter
100 ml Weißwein
2 EL Ahornsirup
½ TL Zimt (gemahlen)
4 Nelken
Schale von 1 Orange (abgerieben)

1 Den Ofen auf 180 °C (Gas Stufe 4) vorheizen.

2 Die Quitten schälen, halbieren und das Kerngehäuse mit einem Löffel entfernen.

3 Die Quittenhälften auf ein Backblech legen und in die Mitte jeder Hälfte ein Stück Butter geben. Den Weißwein auf das Backblech gießen. Den Ahornsirup über die Quitten träufeln, mit etwas Zimt bestäuben, eine Nelke in jede Fruchthälfte stecken und etwas Orangenschale darübergeben.

4 Das Backblech nun mit Folie bedecken und das Ganze 12–15 Minuten im Ofen backen. Schließlich mit einem Messer prüfen, ob die Quitten auch wirklich weich sind.

Schnelle Köstlichkeiten

Manchmal muss es nun mal schnell gehen und einfach sein. Mit diesem Kapitel kann ich hoffentlich alle Bedürfnisse erfüllen, egal, ob Sie allein leben oder eine große, hungrige Familie haben. Die Rezepte sind einfach und lassen sich mit geringem Zeitaufwand zubereiten. Für die Zutaten muss man nicht die ganze Stadt absuchen. Es ist immer eine gute Idee, die Zutaten bereits einen Tag vorher einzukaufen, denn nichts treibt einen schneller in den Gang mit den Fertiggerichten, als nach einem langen Arbeitstag noch einkaufen gehen zu müssen.

PAELLA

Paella sieht nicht nur toll aus, sie schmeckt auch so, vor allem, wenn man eine riesige flache Paellapfanne besitzt, die gleichzeitig zum Kochen und Servieren verwendet werden kann. Das einzig Aufwendige an der Paella ist die Planung der Zutaten, aber sobald die Liste fertig ist, wird der Rest kinderleicht! Denken Sie immer daran: In die Paella kommt nur das, was man mag, alles andere wird einfach weggelassen.

FÜR 4 PERSONEN

2 Schalotten (geschält, fein geschnitten)
1 rote Paprikaschote (entkernt, gehackt)
2 Knoblauchzehen (geschält, fein gehackt)
1 mittelgroße rote Chilischote (entkernt für weniger Schärfe, fein gehackt)
200 g Chorizo (geschnitten)
1 EL Pflanzenöl
4 Hühnerkeulen (ohne Knochen, vorgewürzt)
1 TL Paprikapulver
1 Prise Safranfäden
1 EL Tomatenmark
300 g Paellareis (Risottoreis geht auch)
200 ml Weißwein
1 Würfel Gemüse- oder Hühnerbrühe, wenn erhältlich, auch Fischbrühe (in 1 l heißem Wasser aufgelöst)
Salz und schwarzer Pfeffer (frisch gemahlen)
100 g Venusmuscheln (in der Schale)
2–3 Tintenfischtuben (geputzt, in Ringe geschnitten)
8 Riesengarnelen
100 g Miesmuscheln (in der Schale, bereits geöffnete Muscheln wegwerfen)
50 g Erbsen (tiefgefroren)
1 Schuss Zitronensaft

1 Sicherstellen, dass das Gemüse und die Chorizo vorbereitet sind.

2 Das Öl in der größtmöglichen Pfanne erhitzen. Die Hühnerbeine mit der Haut nach unten in die Pfanne legen und anbräunen. Anschließend aus der Pfanne nehmen und beiseitelegen.

3 Die Schalotten, die Paprika, den Knoblauch, die Chilischote und die Chorizo in der Pfanne einige Minuten anschwitzen, bis die Schalotten glasig sind. Das Paprikapulver, den Safran und das Tomatenmark hinzufügen. Alles gut mischen und dann den Reis unterrühren. Anschließend mit dem Weißwein aufgießen. Ist der Großteil der Flüssigkeit verdunstet, die Hühnerbeine zurück in die Pfanne geben und gerade genug Brühe zugeben, dass der Reis ganz bedeckt ist. Alles abschmecken und noch einmal gut umrühren, damit der Reis nicht anklebt. Die Temperatur stark reduzieren.

4 Das Ganze 10–12 Minuten kochen, bis der Großteil der Brühe aufgesogen wurde, dann die Meeresfrüchte hineingeben und die Erbsen darüberstreuen.

5 Mit der restlichen Brühe aufgießen und die Pfanne mit einem Deckel oder mit Alufolie fest zudecken, damit sich die Muscheln im Dampf öffnen (das dauert etwa 4–6 Minuten). Falls der Reis noch nicht ganz weich, die Flüssigkeit aber schon verdunstet ist, etwas Wein nachgießen und nun auch den Schuss Zitronensaft hinzufügen. Alles noch ein paar Minuten köcheln lassen.

6 Sobald sich die Muscheln geöffnet haben und die Garnelen rosa sind, ist die Paella fertig.

TIPP

Verwenden Sie möglichst echten Safran. Kurkuma sorgt zwar für dieselbe Farbe, aber nicht für den richtigen Geschmack.

REHLENDE

MIT ORIENTALISCHEM SALAT

Für viele ist Wild nichts, was sie täglich essen würden. Es hatte lange Zeit den Ruf, sehr streng zu schmecken, aber durch kommerziell gezüchtetes Rotwild hat sich dies geändert. Das Fleisch hat einen sehr delikaten und doch einzigartigen Geschmack, der hervorragend zu Salaten passt. Es ist sehr mager und enthält kaum Cholesterin, sodass es äußerst gesund ist. Probieren Sie es einmal!

FÜR 2 PERSONEN

1 EL Öl
300 g Rehlende (am Stück)
Salz und schwarzer Pfeffer (frisch gemahlen)

FÜR DEN SALAT
1 Karotte (in Juliennestreifen geschnitten)
½ Salatgurke (in Juliennestreifen geschnitten)
¼ Daikon (japanischer Rettich, in Juliennestreifen geschnitten)
4 Frühlingszwiebeln (in Juliennestreifen geschnitten)
1 große Handvoll frische Sprossen (zum Beispiel von Mungobohnen)
50 ml Sojasoße
50 ml Mirin (japanischer Kochwein)
1 EL Zucker
3 cm frischer Ingwer (geschält, fein gehackt)
1 rote Chilischote (entkernt, fein gehackt)
1 Schuss Limonensaft
Korianderblätter
Kürbiskerne zum Garnieren

1 Den Ofen auf 180 °C (Gas Stufe 4) vorheizen. Das Öl in einer Pfanne erhitzen. Die Rehlende mit Salz und Pfeffer würzen und rundherum gut anbraten. Auf ein Backblech legen und für 6–8 Minuten in den Ofen schieben – das Fleisch sollte noch leicht blutig sein. Herausnehmen und 5 Minuten ruhen lassen.

2 In einer großen Schüssel Karotten, Salatgurke, Daikon, Frühlingszwiebeln und Bohnensprossen mischen. Die Sojasoße mit dem Mirin, dem Zucker, dem Ingwer und der Chilischote bei niedriger Hitze erwärmen. 1 Spritzer Limonensaft hinzufügen und das Ganze – wenn gewünscht auch durch ein Sieb – über den Salat geben.

3 Die Korianderblätter erst in letzter Minute unter den Salat mischen. Den Salat auf zwei Teller verteilen. Das Fleisch in dünne Scheiben schneiden, auf dem Salat anrichten, mit Kürbiskernen garnieren und noch einmal mit reichlich Salz abschmecken.

TIPP Daikon, auch als weißer Rettich oder Mooli bekannt, und Mungobohnensprossen erhält man im Asiamarkt.

BRATWURST MIT LINSEN

Dieses Rezept macht ein schnelles, schmackhaftes Abendessen möglich. Die Bratwürste sollten gute Qualität haben, da sie die Hauptzutat sind. Linsen kommen in vielen Küchen oft zu kurz. Ich glaube, viele Köche fürchten sich ein bisschen vor ihnen, weil sie nicht genau wissen, was sie damit anstellen sollen. Tatsächlich sind Linsen unheimlich vielseitig, lecker und im Nu zubereitet.

FÜR 4 PERSONEN

1 EL Pflanzenöl
8 Bratwürste
100 g Räucherspeck (gewürfelt)
1 rote Zwiebel (geschält, dünn geschnitten)
3 Knoblauchzehen (geschält, dünn geschnitten)
350 g Linsen (in kaltem Wasser gewaschen)
1 Lorbeerblatt
1 Thymianzweig
Schwarzer Pfeffer (frisch gemahlen)
100 ml Rotwein
500 ml Gemüse- oder Hühnerbrühe
Salz

1 Den Ofen auf 180 °C (Gas Stufe 4) vorheizen.

2 Das Öl in einer Kasserolle erhitzen. Die Bratwürste hineingeben und rundherum schön bräunen. Die Würste sollen nicht durchgebraten werden, da sie hinterher noch in den Ofen kommen. Aus der Form nehmen und beiseitestellen.

3 Den Speck zusammen mit der Zwiebel und dem Knoblauch ebenfalls in der Kasserolle anbraten. Die gewaschenen Linsen hinzufügen und alles gut durchrühren. Das Lorbeerblatt, den Thymian und etwas Pfeffer hineingeben (noch kein Salz darüberstreuen, da es die Linsen hart werden lässt!). Den Rotwein in die Kasserolle gießen und die Flüssigkeit auf die Hälfte einkochen lassen. Anschließend die Linsen mit der Brühe aufgießen.

4 Die Bratwürste auf die Linsen legen, die Form mit einem Deckel oder Folie abdecken und für 20 Minuten in den heißen Ofen stellen. Nach 10 Minuten nachsehen, ob die Brühe zu schnell aufgenommen wird; gegebenenfalls noch etwas nachgießen.

5 Sind die Linsen gar, mit Salz und Pfeffer abschmecken. Dazu passt Brokkoli als Beilage sehr gut.

MEIN GRÜNES THAICURRY

Die Würzpaste kann man in einer größeren Menge vorbereiten, da sie sich – luftdicht verschlossen und mit einer Schicht Öl bedeckt – im Kühlschrank gut zwei Wochen hält. Eingefroren hält sie sich sogar drei Monate. Die Pastenmenge in diesem Rezept reicht für ein Curry aus.

FÜR 4 PERSONEN

FÜR DIE PASTE

1 Stängel Zitronengras
3 große grüne Chilischoten
5–7 cm frischer Ingwer (geschält)
4 Knoblauchzehen (geschält)
Schale von 1 Zitrone (mit dem Sparschäler abgezogen)
1 großes Bund Koriander (die Blätter abgezupft und gehackt zum Garnieren)
1 EL Koriandersamen (geröstet)
1 Kaffir-Limettenblatt

FÜR DAS CURRY

2 EL Erdnussöl
6–8 Hühnerkeulen (ohne Knochen, gewürfelt) oder 30 Riesengarnelen (geschält)
4 Frühlingszwiebeln
8 kleine Maiskölbchen
1 grüne Paprikaschote
1 Handvoll Zuckerschoten
400 ml Kokosmilch (aus der Dose)
1 TL thailändische Fischsoße (Nam Pla)
1 TL Sojasoße
1 Prise Zucker
Salz

1 Für die Paste alle Zutaten grob schneiden und zu einer feinen Paste pürieren. Falls die Paste zu trocken wird, ein bisschen Erdnussöl hinzugeben. Die Paste kann auch im Mörser hergestellt werden, das ist jedoch recht mühsam.

2 Das Erdnussöl in einem Wok oder einer tiefen Pfanne erhitzen und die Currypaste darin anschwitzen. Wenn sie anfängt, sehr aromatisch zu riechen, das Huhn (falls welches verwendet wird) und das Gemüse hinzufügen. Werden Riesengarnelen verwendet, siehe Schritt 3. Alles 3–4 Minuten lang gut durchrühren, damit sich die Paste gleichmäßig verteilt. Dann die Kokosmilch, die Fisch- und Sojasoße sowie den Zucker hinzufügen, aufkochen und 5–6 Minuten köcheln lassen.

3 Wenn Garnelen verwendet werden, kommen diese nun in die Pfanne. In letzter Minute noch die Korianderblätter unterrühren, alles salzen und das Curry auf thailändischem Jasminreis servieren.

TIPP Der Trick beim Kochen eines Currys besteht darin, alle Zutaten vorbereitet und griffbereit zu haben.

ASIATISCHE NUDELSUPPE

Die asiatische Küche ist normalerweise nicht nur sehr gesund und schmackhaft, die Gerichte lassen sich meist auch sehr schnell zubereiten.

FÜR 2 PERSONEN ZUM ABENDESSEN BEZIEHUNGSWEISE 3 PERSONEN ZUM LUNCH

1 ½ l Hühnerbrühe (Brühwürfel sind in Ordnung)
2 ½ cm frischer Ingwer (geschält, in feine Streifen geschnitten)
1 Knoblauchzehe (geschält, fein geschnitten)
1 mittelgroße rote Chilischote (entkernt, fein geschnitten)
2 ½ cm Zitronengras (mit dem Messerrücken zerdrückt)
1 EL Sojasoße
1 TL thailändische Fischsoße (Nam Pla)
2 Hühnerbrüste (ohne Knochen und Haut)
200 g Soba-, Buchweizen- oder Glasnudeln
1 Kopf Pak Choi (halbiert)
4 Shiitakepilze
1 Handvoll Bohnensprossen
Korianderzweige zum Garnieren

1 Als Erstes die aromatische Pochierflüssigkeit zubereiten. Die Brühe in einem Topf aufkochen lassen. Den Ingwer, den Knoblauch, die Hälfte der Chilischote, das Zitronengras sowie die Soja- und Fischsoße hinzufügen und einige Minuten ziehen lassen.

2 Die Hühnerbrüste hineingeben, aber darauf achten, dass sie nicht zu trocken werden. Sie benötigen zum Garen etwa 8–10 Minuten, je nach Größe. Nach der Hälfte der Zeit die Nudeln hineingeben.

3 Jetzt den Pak Choi zufügen und 1 Minute kochen, gefolgt von den Pilzen und den Sprossen. Die Pilze dürfen nicht zu lange im heißen Wasser bleiben, sonst werden sie schwammig und schleimig.

4 Vor dem Servieren die Hühnerbrüste herausnehmen und in Scheiben schneiden. In zwei Schüsseln geben, mit etwas Brühe mit den Nudeln und dem Gemüse auffüllen und das Ganze mit dem restlichen Chili bestreuen. Jede Schüssel mit etwas Koriandergrün garnieren.

TIPP Dieses Gericht schmeckt mit Krebsfleisch, Garnelen oder anderen Meeresfrüchten genauso toll. Auch die vegetarische Variante ist sehr zu empfehlen.

GEBACKENES HUHN

MIT ERBSEN UND SALAT

FÜR 4–5 PERSONEN

75 g weiche Butter
½ Bund frischer Kerbel (grob gehackt)
½ Bund frischer Estragon (grob gehackt)
Schale von 1 Zitrone (abgerieben)
1 Biohuhn
Salz und schwarzer Pfeffer (frisch gemahlen)
½ Glas Weißwein

FÜR DIE ERBSEN
150 g Räucherspeckwürfel
1 Knoblauchzehe (geschält)
500 g Erbsen (tiefgefroren)
500 ml Hühnerbrühe
2 Salatherzen (gewaschen, fein geschnitten)
1 Prise Zucker
1 Schuss frischer Zitronensaft
½ Bund Minze (zerrupft)
25 g Butter und 25 g Mehl (zu einer Beurre manié gemischt)

1 Den Ofen auf 180 °C (Gas Stufe 4) vorheizen.

2 Die weiche Butter mit den gehackten Kräutern und der Zitronenschale mischen.

3 Die Haut an der Hühnerbrust vorsichtig lösen und mit den Fingern die Kräuterbutter so tief wie möglich darunterschieben.

4 Das Huhn großzügig mit Salz und Pfeffer würzen (30 % davon gehen beim Backen ohnehin verloren). Das Huhn anschließend auf die Seite auf ein Backblech legen und in den heißen Ofen stellen.

5 Nach 30 Minuten das Huhn gut mit der abgetropften Flüssigkeit bestreichen und auf die andere Seite drehen, damit es gleichmäßig gart. Zusätzlich den Weißwein auf das Backblech gießen.

6 In der Zwischenzeit die Zutaten für die Erbsen vorbereiten.

7 Lässt sich ein Hühnerbein leicht vom Körper abziehen und ist der austretende Saft klar, ist das Huhn gar. Das Huhn aus dem Ofen nehmen und 10 Minuten ruhen lassen.

8 Die Speckwürfel in eine große Pfanne geben und goldbraun braten. Den Knoblauch zufügen, alles ein paar Minuten weiterbraten und dann die Erbsen hineingeben. Mit Hühnerbrühe aufgießen und das Ganze einige Minuten einkochen lassen.

9 Den geschnittenen Salat und den Zucker hinzufügen und alles abschmecken. Jeglichen Saft, der sich auf dem Teller mit dem Huhn gesammelt hat, ebenfalls angießen.

10 Zitronensaft, Minze und die Butter-Mehl-Mischung unterrühren, dass die Soße leicht andickt.

11 Während die Soße noch ein wenig köchelt, das Huhn aufschneiden. Eine Kelle Erbsen in einen tiefen Teller geben und ein Stück Huhn obenauf legen.

GEBRATENE MAKRELE

MIT EINEM SALAT AUS FENCHEL, GRAPEFRUIT, KAPERNÄPFELN & PETERSILIE

Dies ist ein schnelles, leichtes Abendessen, wenn Sie einmal keine Lust haben, großen Aufwand zu betreiben. Die Makrele zu braten dauert nur gut 5 Minuten. Außerdem sieht dieses Gericht einfach toll aus, und das Auge isst ja schließlich immer mit. Ich habe hier Kapernäpfel statt eingelegter Kapern verwendet, weil sie etwas milder schmecken, aber man kann natürlich das nehmen, was man am liebsten mag.

FÜR 2 PERSONEN

4 Makrelenfilets

FÜR DEN SALAT
1 große Fenchelknolle
Saft von 1 Zitrone
1 rosa Grapefruit
1 Handvoll große Kapernäpfel
1 Bund glattblättrige Petersilie
1 Handvoll Kresse (optional)
1 EL Olivenöl, plus etwas extra zum Beträufeln
Meersalz und schwarzer Pfeffer (frisch gemahlen)

1 Falls ganze Makrelen verwendet werden, die Mittelgräte vom Fischhändler entfernen lassen.

2 Für den Salat die Fenchelknolle halbieren und den Strunk entfernen, indem auf beiden Seiten ein V-Schnitt gemacht wird. Die Fenchelhälften mit der flachen Seite nach unten hinlegen und dann in feine Scheiben schneiden. Drei Viertel des Zitronensafts über den Fenchel geben, damit dieser nicht braun wird.

3 Die Grapefruit mit einem scharfen Messer schälen, dann die einzelnen Filets heraustrennen und in eine Schüssel legen. Den Saft aus den abgeschnittenen Teilen noch in die Schüssel ausdrücken.

4 Den Fenchel zusammen mit den Kapernäpfeln zu der Grapefruit geben. Die Blätter der Petersilie abzupfen und ebenfalls in die Schüssel geben, ebenso die Kresse (falls sie verwendet wird).

5 Das Öl in einer Pfanne erhitzen. Die Hautseite der Filets mit Salz (idealerweise Meersalz) einreiben und mit der Haut nach unten in die Pfanne legen. Die Filets kurz andrücken, damit sie sich nicht zusammenrollen. Von jeder Seite 2 Minuten braten.

6 Noch 1 Spritzer Zitrone über die Filets geben und die Pfanne dann vom Herd nehmen. Auf jeden Teller eine ordentliche Portion Salat geben und den Fisch obenauf legen. Mit Salz und Pfeffer bestreuen und mit Olivenöl beträufeln. Lecker!

TIPP Bei diesem Rezept kann man jeden fetten Fisch verwenden, da die Säure der Grapefruit gut dagegenhält.

HÜHNERFLÜGEL MIT TEQUILA

Das beste Rezept für eine Party. Wenn Ihre Freunde so sind wie meine, schmeckt ihnen alles, was Alkohol enthält.

FÜR 6–8 PERSONEN

FÜR DIE WÜRZPASTE

Schale (abgerieben) und Saft von 4 Limonen
3 EL Zucker
2 rote Chilischoten (mit oder ohne Kerne, je nach gewünschter Schärfe)
2 Knoblauchzehen (geschält, gehackt)
1 TL Salz
75 ml Tequila
1 EL flüssiger Honig
1 EL Pflanzenöl
1 ½ kg Hühnerflügel
Limonenspalten zum Servieren

1 Alle Zutaten für die Würzpaste in einem Mörser zerreiben.

2 Anschließend den Tequila und den Honig hinzufügen und alles gut verrühren. Das Öl hinzugeben (verhindert, dass die Paste anfängt zu brennen) und die Hühnerflügel gut damit einreiben.

3 Die Flügel so lange wie möglich (am besten über Nacht) in einer Schüssel (kein Metall!) ziehen lassen.

4 Den Ofen auf 180 °C (Gas Stufe 4) vorheizen. Die Hühnerflügel auf ein Backblech legen und 20 Minuten braten. Mit den Limonenspalten und Tequila-Shots servieren.

SCHWEINEKOTELETTS

MIT ALLEM, WAS DAZUGEHÖRT

Viele mögen keine Koteletts, weil sie befürchten, das Fleisch wäre zu trocken und zäh. Das stimmt aber keineswegs (zumindest nicht, wenn man sie richtig zubereitet). Schweinefleisch darf ruhig noch ein bisschen rosa sein – man muss es nicht »totkochen«. Gut, so blutig wie ein Steak würde ich es nicht essen, aber ein zartes Rosa bedeutet, dass das Fleisch zart und saftig ist.

FÜR 4 PERSONEN

2 Äpfel (geschält, Kerngehäuse entfernt, in Achtel geschnitten)
2 Knoblauchzehen (geschält und halbiert)
4 dicke Schweinekoteletts mit einem kräftigen Fettrand
2 Thymianzweige (nur die Blätter)
Schale von 1 Zitrone (abgerieben)
2 EL Olivenöl
50 g Butter
150 ml Cidre
2 EL körniger Senf
100 ml Sahne
1 Spritzer Zitronensaft

1 Den Ofen auf 180 °C (Gas Stufe 4) vorheizen.

2 Die Apfelstücke in einen Bräter legen. Die Koteletts mit den Knoblauchhälften einreiben, mit den Thymianblättern und der Zitronenschale bestreuen und mit Olivenöl beträufeln.

3 Eine Grillpfanne vorheizen und die Koteletts von beiden Seiten kurz anbraten. Sobald das Grillmuster sichtbar ist, die Koteletts aus der Pfanne nehmen und auf die Apfelstücke legen. Ein kleines Stück Butter auf jedem Kotelett platzieren.

4 Den Cidre auf das Backblech gießen und das Ganze für 12–14 Minuten in den Ofen stellen, je nach Dicke der Schweinekoteletts. Sie sollten sich beim Anfassen fest anfühlen.

5 Die Koteletts und die Apfelstücke aus dem Ofen nehmen und warm stellen. Währenddessen die Soße zubereiten.

6 Den leeren Bräter auf den Herd stellen und die Temperatur erhöhen. Die angebackenen Reste vom Boden schaben und dann den Senf, die Sahne und 1 Spritzer Zitronensaft hineingeben. Das Ganze leicht einkochen lassen.

7 Die Koteletts mit den gebackenen Apfelstücken und der Soße servieren. Dazu passt selbst gemachtes Kartoffelpüree.

GEBRATENE MUSCHELN

Bei Muscheln denkt jeder an »Knoblauch anschwitzen, Muscheln hinzugeben, Wein hineingießen und dünsten, bis sich die Muscheln öffnen«. Nun ja, das ist zwar ein echter Klassiker, aber wie wäre es mit einer ganz anderen Version?

FÜR 2 PERSONEN

1–1 ½ kg Miesmuscheln (geputzt)
1 rote Chilischote (entkernt, fein geschnitten)
2 ½ cm frischer Ingwer (geschält, fein geschnitten)
2 Knoblauchzehen (geschält, fein geschnitten)
100 ml Noilly Prat (oder weißer Wermut)
½ Bund Koriander (gehackt)
25 g Butter
1 Limone zum Auspressen

1 Sicherstellen, das alle Zutaten vorbereitet und die Muscheln gut geputzt sind. Muscheln mit offenen oder kaputten Schalen müssen weggeworfen werden.

2 Eine große Grillpfanne kräftig vorheizen. Die Muscheln zusammen mit der Chilischote, dem Ingwer und dem Knoblauch hineingeben.

3 Wenn die Muscheln anfangen zu brutzeln und Flüssigkeit auszutreten beginnt, den Noilly Prat hinzufügen, die Pfanne zudecken und die Muscheln dämpfen, bis sie sich öffnen (dies geschieht nach etwa 4 Minuten).

4 Zuletzt den Koriander und die Butter dazugeben und das Ganze mit einem kräftigen Schuss Limonensaft servieren.

TEEGERÄUCHERTER LACHS

MIT EINER SOJA-HONIG-GLASUR

Heiß räuchern ist eine fantastische Methode, Fleisch und Fisch zu aromatisieren. Man braucht keinen Räucherautomaten – ein Wok mit einem Gittereinsatz tut es auch.

FÜR 4 PERSONEN

ZUM RÄUCHERN

100 g Reis
100 g brauner Zucker
50 g Schwarzteeblätter
1 Sternanis
2 Kardamomkapseln

FÜR DIE MARINADE

1 EL Sojasoße
1 EL Honig
1 EL Olivenöl

4 Biolachsfilets à 150 g (ohne Haut)
Salz
2 TL Sesamkörner (geröstet)

1 Um den Wok in einen Räucherapparat zu verwandeln, ihn ganz mit einer doppelten Schicht Alufolie ausschlagen. Die Räucherzutaten hineingeben und gut mischen. Den Gittereinsatz oder einen Dreifuß hineinstellen, sodass der Fisch keinen direkten Kontakt zu den Räucherzutaten hat. Falls ein Bambusdämpfer vorhanden ist, kann man diesen auf den Aufsatz legen, ansonsten reicht auch ein Blatt Backpapier.

2 Für die Marinade alle Zutaten gut miteinander verrühren und den Lachs rundherum damit bestreichen (einen Rest der Marinade für später aufbewahren). Mit Salz würzen.

3 Den Wok bei niedriger Hitze auf den Herd stellen und mit einem Deckel oder Folie zudecken, damit kein Rauch entweichen kann. Sobald es nach Rauch riecht, den Lachs hineinlegen, den Wok wieder zudecken und 5–6 Minuten dünsten lassen. Je nachdem, wie dick der Fisch ist, muss er vielleicht im Ofen zu Ende gegart werden. Dafür den Ofen auf 170 °C (Gas Stufe 3) vorheizen und den Lachs maximal 4–5 Minuten hineingeben. Achtung: Der Fisch darf nicht länger als 6 Minuten im Rauch bleiben, sonst wird er bitter!

4 Ist der Fisch gar, mit der restlichen Marinade bestreichen, mit Sesamkörnern bestreuen und servieren. Dazu passen einfacher gedämpfter Reis und ein Gurkensalat.

TIPP

Jeder Fisch, der recht fett und robust ist, eignet sich zum Räuchern über Tee. Verwenden Sie keinen zarten Fisch. Die Methode eignet sich auch, um Fleisch ein sanftes Raucharoma zu verleihen.

TIPP

Lassen Sie den Risotto niemals allein auf dem Herd. Er braucht zum Gelingen ständige Liebe und Zuwendung.

RETRO-RISOTTO

MIT ROTER BETE & ZIEGENKÄSE

Das ist wahrscheinlich das grellbunteste Gericht, das Sie jemals kochen werden!

FÜR 4 PERSONEN

2 große Rote Beten
50 g Butter
2 Schalotten (geschält, fein geschnitten)
1 Lauchstange (nur das Weiße, geputzt, fein geschnitten)
1 Knoblauchzehe (geschält, gehackt)
1 Thymianzweig (nur die Blätter)
350 g Arborioreis
150 ml Weißwein
1 l heiße Gemüsebrühe (idealerweise hausgemacht, aber ein Brühwürfel ist auch in Ordnung)
150 g Ziegenkäse (zerbröselt)
75 g Parmesan (fein gerieben)

1 Die Rote Bete schälen und so klein wie möglich würfeln.

2 Die Butter in einem flachen Topf schmelzen und die Schalotten, den Lauch, den Knoblauch und die Rote Bete hinzufügen. Langsam köcheln, bis das Gemüse glasig wird. Anschließend den Thymian und den Reis hineingeben. Den Reis sorgfältig unterrühren, sodass jedes einzelne Korn von der violetten Masse bedeckt ist.

3 Die Temperatur etwas erhöhen und die Mischung mit Weißwein ablöschen. Den Reis dabei immer wieder durchrühren. Sobald die Flüssigkeit aufgesogen ist, eine Kelle Brühe hinzufügen und weiterrühren. Die Brühe auf diese Weise nach und nach vollständig aufsaugen lassen. Das dauert etwa 15 Minuten.

4 Wenn der Reis fast weich ist, den Ziegenkäse und den Parmesan unterrühren. Noch einmal abschmecken und servieren.

SAMTIGE SCHOKO-LADEN-CRÈME-BRÛLÉE

Die Vorbereitung dauert nicht lang, aber es empfiehlt sich, die Crème brûlée über Nacht in den Kühlschrank zu stellen.

FÜR 4–5 PORTIONEN

500 ml Sahne
1 Vanilleschote (aufgeschlitzt)
6 Eigelb
120 g Zucker
100 g gute Zartbitterschokolade

1 Den Ofen auf 170 °C (Gas Stufe 3) vorheizen.

2 Die Sahne in einem Topf langsam mit der Vanilleschote erhitzen.

3 Das Eigelb mit dem Zucker aufschlagen. Die Schokolade in kleine Stücke brechen und zu der Eiermischung geben.

4 Wenn die Sahne zu kochen beginnt, über die Schokoladen-Ei-Mischung gießen und die ganze Zeit rühren, sodass die Schokolade schmilzt und das Ei nicht stockt. Durch ein feines Sieb in einen Krug gießen.

5 Die Mischung anschließend in 4–5 kleine Auflaufförmchen gießen und auf ein tiefes Backblech stellen. Dieses bis zur halben Höhe der Auflaufförmchen mit kochendem Wasser füllen und 15–20 Minuten in den heißen Ofen stellen. Jeder Ofen ist verschieden, des-halb kann dieser Schritt etwas länger dauern, also keine Sorge! Die Crème brûlée ist fertig, wenn sie oben fest ist, aber noch ganz leicht wackelt. Die Förmchen aus dem Ofen nehmen und abgekühlt in den Kühlschrank stellen.

6 Vor dem Servieren die Oberseite mit Zucker bestreuen und mit einem Küchenbrenner karamellisieren. Funktioniert auch unter einem sehr heißen Grill im Backofen. Kurz abkühlen lassen.

FESTER PASSIONS-FRUCHTJOGHURT MIT MANGOSOSSE

FÜR 4 PERSONEN

3 Blatt Gelatine
175 ml Sahne
2 große Passionsfrüchte (Fruchtfleisch herausgelöffelt)
4 EL flüssiger Honig
Schale (abgerieben) und Saft von 1 Zitrone
100 g Zucker
300 g griechischer Joghurt

FÜR DIE MANGOSOSSE
1 große reife Mango (geschält, entsteint und gewürfelt)
50 g Puderzucker
Saft von ½ Zitrone
5 Minzblätter

1 Vier kleine Becher kalt stellen und die Gelatine in kaltem Wasser einweichen.

2 Die Sahne in einem kleinen Topf aufkochen lassen. Die Passionsfrüchte, den Honig, die Zitronenschale, den -saft sowie den Zucker hinzufügen. Alles gut umrühren, vom Herd nehmen und 10 Minuten ruhen lassen.

3 Die Gelatine gut ausdrücken und in die Mischung geben. Den Joghurt hinzufügen und alles gut verrühren, bis die Gelatine vollständig aufgelöst ist. In die gekühlten Becher gießen und etwa 1 Stunde im Kühlschrank fest werden lassen.

4 Für die Soße alle Zutaten glatt pürieren. Einen großen Löffel voll Soße über jeden Joghurt geben und servieren.

TIPP Die Schokoladen-Crème-brûlée sieht auch in Espressotassen toll aus. Dann ergibt das Rezept 8 Portionen.

Schicke Abendessen

In diesem Kapitel kommt meine Chefkochseite zum Vorschein – aber nur ein bisschen. Ich hoffe, es inspiriert Sie dazu, ein paar Freunde einzuladen und ihnen zu sagen, sie sollen sich auf etwas Besonderes freuen. Die Rezepte sind ein bisschen schwieriger als die letzten, für jeden Hobbykoch aber problemlos zu bewältigen. Ich habe mit Absicht etwas luxuriösere und auch etwas teurere Zutaten verwendet. Gönnen Sie Ihren Freunden und sich selbst doch einmal etwas!

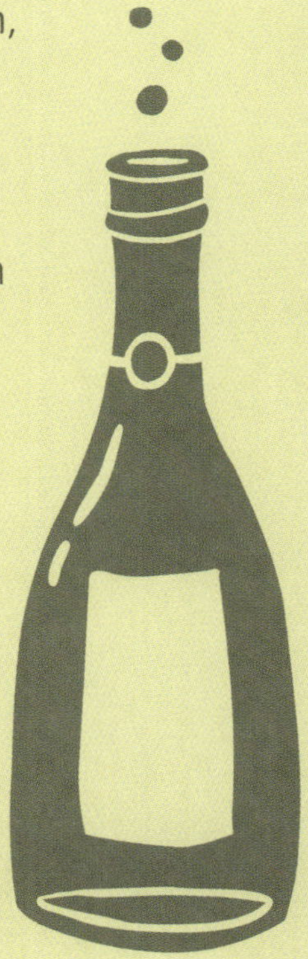

GERÄUCHERTE-MAKRELEN-PASTETE

MIT KAPERN-CORNICHON-DRESSING

Dies ist eine einfache Vorspeise für die Dinnerparty. Am besten bereitet man sie schon im Lauf des Tages zu, um abends, wenn die Gäste da sind, nicht in der Küche stehen zu müssen. Außerdem haben die Aromen der Pastete und des Dressings so mehr Zeit, sich zu entwickeln. Damit alles gut klappt, sollten Sie einen Mixer verwenden.

FÜR 6 PERSONEN

FÜR DIE PASTETE

4 Makrelenfilets (geräuchert, ohne Haut, auf Gräten geprüft!)
150 g Frischkäse
10 g Crème fraîche
Saft von 1 Zitrone
½ TL Cayennepfeffer
Salz und schwarzer Pfeffer (frisch gemahlen)

FÜR DAS DRESSING

50 g eingelegte Kapern (abgespült, grob gehackt)
50 g Cornichons (grob gehackt)
1 EL Dijonsenf
1 TL Weißweinessig
Saft von ½ Zitrone
50 ml Olivenöl
Salz und schwarzer Pfeffer (frisch gemahlen)

1 Alle Zutaten für die Pastete mit dem Mixer glatt pürieren. Zwischendurch einmal die Ränder der Schüssel abkratzen, damit keine Stückchen hängen bleiben. Abschmecken und sicherstellen, dass genug Zitronensaft enthalten ist.

2 Die Mischung in sechs kleine, 125 ml fassende Förmchen gießen und in den Kühlschrank stellen.

3 Für das Dressing die Kapern und die Cornichons in eine Schüssel geben. Den Senf, den Essig und den Zitronensaft hinzufügen und gut mischen, dann das Olivenöl unterrühren. Nur leicht würzen, da die Kapern recht salzig sind.

4 Die Förmchen aus dem Kühlschrank nehmen und mit dem Dressing beträufeln. Dazu frisches Weißbrot und eventuell einen grünen Salat servieren.

TIPP

Mit frischen Kräutern kann man ein Rezept im Handumdrehen aufpeppen. Wie wäre es mit ein bisschen Dill oder Kerbel als Garnierung?

GNOCCHI MIT SALBEI, KÜRBIS UND PARMESAN

Manchmal ist es ziemlich schwierig, jedem gerecht zu werden, vor allem, wenn man für einen Vegetarier kocht und die anderen Gäste Fleischesser sind und etwas Herzhafteres erwarten als einen Tofuburger. Mit diesem Rezept liegen Sie niemals falsch.

FÜR 6 PERSONEN

1 kg große, mehlige Kartoffeln (ungeschält)
2 große oder 3 kleine Eigelb
Salz und schwarzer Pfeffer (frisch gemahlen)
Etwas Muskatnuss
100 g Parmesan (gerieben)
225–250 g Mehl, plus etwas mehr zum Ausrollen
50 g Butter
1 EL Olivenöl
1 kleiner Kürbis (geschält, Kerne entfernt, in 1 cm große Würfel geschnitten)
1 Knoblauchzehe (fein geschnitten)
12 ganze Salbeiblätter

ZUM SERVIEREN
Olivenöl (extra vergine zum Beträufeln)
1 große Handvoll Kürbiskerne
Parmesanspäne zum Bestreuen

1 Die Kartoffeln in einen Topf mit kaltem Salzwasser geben und in etwa 20 Minuten weich kochen (sie sollen noch nicht zerfallen). Abgießen und einige Minuten abkühlen lassen, aber noch warm schälen.

2 Die Kartoffeln zerstampfen oder durch eine Kartoffelpresse drücken. Eigelb, Salz, Pfeffer, Muskatnuss und Parmesan dazugeben und alles gut vermischen. Nach und nach Mehl hinzufügen, bis sich die Masse nicht mehr feucht anfühlt – sie sollte klebrig sein und gut zusammenhalten.

3 Das Ganze auf eine bemehlte Arbeitsfläche geben und in 1 cm dicke »Würste« rollen. Die Würste in 1 ½ cm große Stücke schneiden und mit dem Gabelrücken platt drücken.

4 Die Gnocchi in den Kühlschrank stellen, damit sie etwas fester werden.

5 20 Minuten vor dem Servieren in einem großen Topf reichlich Salzwasser aufkochen und die Butter sowie das Öl in einer Pfanne erhitzen. Die Kürbiswürfel in die Pfanne geben und bei niedriger Hitze vor sich hinbrutzeln lassen. Hin und wieder durchschütteln, damit die Würfel nicht anbraten.

6 Nach 10–12 Minuten den Knoblauch und den Salbei zum Kürbis geben, das Ganze mit Pfeffer und Salz herzhaft abschmecken.

7 Die Gnocchi nach und nach in das kochende Wasser geben. Sobald sie an die Oberfläche steigen, sind sie gar. Mit einem Schaumlöffel aus dem Wasser heben und unter die Kürbis-Salbei-Mischung rühren.

8 Auf große Pastateller verteilen, mit Olivenöl beträufeln und mit Kürbiskernen sowie Parmesanspänen bestreuen.

GEBRATENE JAKOBSMUSCHELN

MIT EINER JULIENNE AUS SAUTIERTEM GEMÜSE & INGWERDRESSING

Frische, einfach zubereitete Jakobsmuscheln sind ein echter Gaumenschmaus. Sie sind aus gutem Grund ziemlich teuer: Die durchschnittliche Jakobsmuschel ist vier bis sieben Jahre alt und hat sich vor dem Fangen kräftig gewehrt. »Julienne« ist einfach eine schicke Bezeichnung für Gemüse, das in feine, streichholzlange Streifen geschnitten ist.

FÜR 4 PERSONEN

FÜR DAS JULIENNEGEMÜSE
2 Karotten (mit großen geht es einfacher)
2 Zucchini
1 Lauchstange (nur der weiße Teil)

FÜR DAS INGWERDRESSING
5 cm frischer Ingwer (geschält, in Juliennestreifen geschnitten)
1 EL Sirup aus einem Glas eingelegtem Ingwer
Saft von 1 Zitrone
2 EL Zucker
1 TL Weißweinessig
2 EL Noilly Prat (oder weißer Wermut)
12 Jakobsmuscheln
Salz und schwarzer Pfeffer (frisch gemahlen)
1 EL Butter
1 EL Wasser
2 EL Olivenöl

Einige Kerbelzweige oder Erbsenranken zum Garnieren

1 Zuerst das Gemüse in Juliennestreifen schneiden. Dafür von den Karotten und Zucchini jeweils die Enden abschneiden und das Gemüse schälen. Anschließend mit dem Schäler in dicke Bänder und diese in etwa 1 mm dicke Streifen schneiden.

2 Die weiße Lauchstange halbieren und gründlich waschen. Die Wurzel abschneiden und den Lauch wie das andere Gemüse in dünne Streifen schneiden.

3 Die Karottenstreifen in kochendem Wasser 2 Minuten blanchieren, dann abgießen und abschrecken. Das Gleiche mit den Lauch-, nicht jedoch mit den Zucchinistreifen tun.

4 Das Ingwerdressing zubereiten. Alle Zutaten in einen Topf geben und etwa 1 Minute köcheln lassen, bis sich der Zucker auflöst. Es entsteht nicht viel Flüssigkeit, aber es soll ja auch ein leichtes Dressing und keine Soße sein.

5 Die Karotten, den Lauch und die Zucchini mit der Hälfte der Butter und 1 EL Wasser in einen Topf geben und kurz dünsten. Danach abschmecken und mit der Hälfte des Olivenöls beträufeln.

6 Das restliche Öl in einer beschichteten Pfanne erhitzen. Die Jakobsmuscheln nach Belieben würzen und mit der flachen Seite nach unten hineinlegen. Etwa 30 Sekunden braten. Wenn sie goldbraun sind, umdrehen, die restliche Butter hinzufügen und weitere 30 Sekunden braten.

7 Aus der Pfanne heben. Mit einer Gabel die Gemüsestreifen wie Spaghetti aufdrehen und auf jeden Teller drei Gemüsenester legen. Darauf jeweils eine Jakobsmuschel platzieren, ein bisschen Ingwerdressing darüberträufeln und mit dem Kerbel oder den Erbsenranken garnieren.

GEBRATENE WACHTELN MIT KARAMELLISIERTEN FEIGEN

Dies ist das perfekte Rezept, wenn Sie einmal richtig angeben wollen, ohne allzu wagemutig zu werden. Wachteln sind sehr zart, delikat und schmecken überhaupt nicht nach Wild.

FÜR 4 PERSONEN

4 Wachteln (in je zwei Brüste und zwei Keulen geteilt)
Salz und schwarzer Pfeffer (frisch gemahlen)
50 g Butter
1 EL Öl
4 Feigen (2 halbiert, 2 fein gehackt)
100 ml Aceto Balsamico
2 EL brauner Zucker
Kerbelzweige zum Garnieren (wahlweise)

1 Zum Zerlegen die Wachtel auf ein Schneidebrett legen und die Flügel mit einem scharfen Messer oder mit einer Geflügelschere abschneiden. Mit dem Messer am Rückgrat entlangfahren. Vorsichtig auf beiden Seiten die Brüste entfernen. Dann die Keulen am Körper mit der Schere abtrennen.

2 Die Wachtelbrüstchen und -keulen rundherum würzen. Die Butter und einen kleinen Schuss Öl in einer beschichteten Pfanne erhitzen. Zuerst die Wachtelkeulen hineinlegen, weil diese durch die Knochen etwas länger zum Garen benötigen. Nach 2 Minuten die Brüstchen mit der Haut nach unten und die Feigen mit der angeschnittenen Seite nach unten hinzufügen. Alles schön goldbraun anbraten. Das Fleisch und die Feigen dabei immer wieder mit der Butter bestreichen, damit das Fleisch saftig bleibt und die Feigen viel Aroma entwickeln. Im Zweifelsfall noch etwas Butter hinzugeben. Nachdem die Keulen 4 und die Brüste 2 Minuten in der Pfanne waren, beides umdrehen. Nach etwa 5 Minuten sind die Wachteln gar.

3 Das Fleisch und die Feigen aus der Pfanne nehmen und warm stellen. Die Temperatur erhöhen und den Aceto Balsamico in die Pfanne geben. Die gehackten Feigen und den Zucker ebenfalls hinzufügen und alles auf die Hälfte reduzieren.

4 Die Wachtelstücke auf den Tellern anrichten. Auf jeden Teller eine halbe Feige legen und mit dem Feigenbalsamico beträufeln. Jeweils mit einem Kerbelzweig garnieren.

TIPP Das Fleisch darf erst unmittelbar vor dem Servieren zubereitet werden. Das Tranchieren der Vögel und das Hacken der Feigen können Sie jedoch schon früher vornehmen.

LAMMKARREE MIT KRÄUTERKRUSTE

Lammkarree ist eines der am leichtesten zuzubereitenden Bratenstücke, da es nicht lang garen muss. Das übliche Karree mit acht Rippen braucht im Ofen etwa 15–18 Minuten. Lassen Sie die Karrees vom Fleischer vorbereiten, das heißt die Fettschicht abschneiden.

FÜR 5 PERSONEN

FÜR DIE KRUSTE
Schale von 2 Zitronen (abgerieben)
50 g Semmelbrösel
2 Knoblauchzehen (geschält, zerdrückt)
1 Bund Petersilie (fein gehackt)
2 Anchovisfilets
2 Thymianzweige (nur die Blätter)

2 Knoblauchknollen
Olivenöl zum Beträufeln

2 Lammkarrees à 8 Rippen
Salz und schwarzer Pfeffer (frisch gemahlen)
Dijonsenf

FÜR DIE JUS
1 EL Mehl
1 Glas Weißwein
1 EL Johannisbeergelee
2 Thymianzweige
100 ml Hühnerbrühe (ein Brühwüfel ist in Ordnung)

1 Alle Zutaten für die Kräuterkruste glatt pürieren und beiseitestellen. Da sich das Püree im Kühlschrank einige Tage hält, lässt es sich gut im Voraus vorbereiten.

2 Den Ofen auf 180 °C (Gas Stufe 4) vorheizen.

3 Die Knoblauchknolle auseinandernehmen, aber die einzelnen Zehen nicht schälen. In einen Bräter geben und mit Olivenöl beträufeln. Die Lammkarrees mit Salz und Pfeffer kräftig würzen und so auf den Knoblauch legen, dass sie mit den Knochen aneinanderlehnen und eine Art Gerüst bilden. 5 Minuten (nicht länger) in den heißen Ofen stellen. Wieder herausnehmen und das Fleisch leicht mit Senf bestreichen. Die Ofentemperatur auf 160 °C (Gas Stufe 3) reduzieren. Die Kräuterkruste gleichmäßig auf dem Fleisch verteilen und andrücken. Das Lamm wieder zurück in den Ofen stellen und 10–12 Minuten schmoren. Das Fleisch sollte sich fest, aber noch leicht nachgiebig anfühlen, dann ist es im Inneren rosa. Das Lamm mit dem Großteil des Knoblauchs aus dem Bräter nehmen und so lange wie möglich im Warmen ruhen lassen – das ist ganz wichtig!

4 Für die Jus den Bräter auf den Herd stellen. Mehl hineingeben. Wenn das Ganze richtig heiß ist, mit dem Wein ablöschen und dabei den Boden gut abkratzen. Falls die Mischung klumpig wird, mit einem Schnee-besen weiterrühren. Das Johannisbeergelee, den Thymian und die Hühnerbrühe hinzufügen, das Ganze 3–4 Minuten köcheln lassen und anschließend abseihen.

5 Das Fleisch aufschneiden. Jeder bekommt 3 Rippen, der Koch bekommt eine extra. Mit dem gebratenen Knoblauch und der Jus servieren.

KNUSPRIGER SCHWEINEBAUCH

MIT BLUTWURSTPÜREE & KARAMELLISIERTEN ÄPFELN

Schweinebauch ist etwas, worauf ich mich im Restaurant immer freue, dann aber oft enttäuscht werde. Es ist eines dieser Gerichte, die man sofort essen muss. Bei diesem Rezept können Sie die meisten Vorbereitungen schon im Lauf des Tages treffen und alles Übrige erst kurz vor dem Servieren zubereiten. Dazu wird alles serviert, was gut zu Schweinefleisch passt: Cidre, Fenchel, Äpfel … aber mein Favorit ist das Blutwurstpüree.

FÜR 6–8 PERSONEN

2 EL Olivenöl
1 Fenchelknolle (in dicke Scheiben geschnitten)
1 Knoblauchknolle
½ Schweinebauch (ohne Rippen, ca. 3 kg)
Meersalz
1 EL Fenchelsamen

FÜR DAS BLUTWURSTPÜREE
1 ½ kg mehlige Kartoffeln (geschält)
100 ml Sahne
80 g Butter
Salz
300 g Blutwurst (ohne Haut, fein gewürfelt)

FÜR DIE SOSSE
1 Schalotte (geschält, gewürfelt)
2 Pfefferkörner
1 Thymianzweig
1 Lorbeerblatt
500 ml Cidre
1 EL konzentrierter Rinderfond
150 ml Sahne

FÜR DIE KARAMELLISIERTEN ÄPFEL
1 EL Pflanzenöl
25 g Butter
2 Äpfel (geschält, Gehäuse entfernt, geviertelt)
2 EL brauner Zucker

1 Den Ofen auf 150 °C (Gas Stufe 2) vorheizen.

2 Das Olivenöl auf dem Boden eines 5 cm hohen Bräters geben und den Fenchel darauf verteilen. Den Knoblauch hinzufügen.

3 Die Schwarte des Schweinebauchs mit einem scharfen Messer schachbrettartig einschneiden. Rundherum mit Meersalz und Fenchelsamen einreiben. Den Schweinebauch mit der Schwarte nach oben auf den Fenchel legen. Das Ganze mit Alufolie abdecken und in den Ofen stellen. Mindestens 3 Stunden braten, bis das Schweinefleisch schön weich ist.

4 Den Schweinebauch aus Bräter nehmen, das Öl und den Fenchel entfernen und das Fleisch zurück in den Bräter setzen. Die Ofentemperatur auf 220 °C (Gas Stufe 7) erhöhen.

5 Die Schwarte noch einmal großzügig mit Meersalz bestreuen und im Ofen backen, bis sie goldbraun und knusprig ist. Das dauert etwa 25–30 Minuten.

Eventuell muss der Bräter in dieser Zeit einmal um die eigene Achse gedreht werden, damit die Schwarte gleichmäßig kross wird. Aus dem Ofen nehmen, in Portionen schneiden und servieren.

6 Während das Fleisch im Ofen ist, die Beilagen zubereiten. Für das Blutwurstpüree die Kartoffeln schälen, halbieren und in reichlich Salzwasser weich kochen. Gut abgießen und zum Abdampfen noch einmal auf den Herd stellen. Dadurch wird der Kartoffelbrei fester.

7 Die Kartoffeln nacheinander sorgfältig zerstampfen (idealerweise mit einer Kartoffelpresse). Falls das Püree nur vorbereitet wird, kann es jetzt aufbewahrt werden. Wird es frisch zubereitet, die Sahne mit der Butter erwärmen und langsam über das Püree geben, dabei ständig rühren. Mit viel Salz abschmecken. Die Blutwurst hinzufügen. Das Ganze noch einmal auf den Herd stellen und kräftig durchrühren. Bis zum Servieren warm halten.

8 Für die Soße die Schalotte mit den Pfefferkörnern, dem Thymian, dem Lorbeerblatt und dem Cidre in einen Topf geben, alles gut verrühren und die Flüssigkeit auf die Hälfte einkochen lassen. Den Rinderfond und die Sahne hineingießen. Weiter einkochen lassen, bis die Soße dick genug ist (es ist nicht viel, aber die Soße soll in erster Linie auch nur zum Würzen dienen). Bis zum Servieren warm halten.

9 Für die Äpfel Öl in einer beschichteten Pfanne erhitzen und die Butter darin schmelzen. Wenn das Fett leicht anfängt zu blubbern, die Äpfel und den Zucker hineingeben. Eventuell muss das Ganze portionsweise passieren, da nicht mehr als 4–6 Viertel auf einmal gebraten werden sollten. Die Äpfel schön goldbraun werden lassen, aber aufpassen, dass sie nicht zu weich werden oder anbrennen. Die Pfanne nicht zu viel bewegen, sonst zerfallen die Apfelstücke.

10 Zum Servieren das Blutwurstpüree auf Tellern verteilen, ein Stück Schweinebauch obenauf legen, ein paar Apfelstücke dazugeben und das Ganze mit der Soße beträufeln.

TIPP

Obwohl dieses Rezept sehr zeitaufwendig klingt, kann vieles vorbereitet werden. Nur der Schweinebauch muss frisch gebraten werden.

TIPP

Das Entenfett kann man immer wieder verwenden. Je öfter es verwendet wird, desto intensiver wird sein Geschmack. Sie können es für jedes Confit, nicht nur für Entenconfit, benutzen.

CONFIT AUS ENTENKEULEN

MIT BOHNENCASSOULET

Confit ist eigentlich nur ein eleganter Ausdruck für »langsam in Fett gekocht«. Es schmeckt wirklich toll, denn auf diese Weise können sich die Aromen voll entfalten. Cassoulet ist der Name eines klassischen französischen Gerichts aus Ente, Wurst, Schweinebauch und Bohnen. Meine Version ist etwas simpler als die klassische Dreitagevariante.

FÜR 4 PERSONEN

FÜR DAS CONFIT

4 große Entenkeulen (mit viel Fett)
200 g Salz zum Pökeln
2 Lorbeerblätter
Schale von 1 Orange (mit dem Sparschäler abgezogen)
5 schwarze Pfefferkörner
1 Knoblauchknolle (quer halbiert)
2 Thymianzweige
500 ml Entenfett (gibt es in Gläsern zu kaufen)

FÜR DAS CASSOULET

200 g geräucherter Pancetta (in Streifen)
1 EL Entenfett
2 Knoblauchzehen (geschält, fein geschnitten)
1 rote Zwiebel (geschält, fein geschnitten)
1 Karotte (geputzt, fein gewürfelt)
1 Lauchstange (nur das Weiße, geputzt, fein gewürfelt)
1 Lorbeerblatt
200 ml Rotwein
1 TL Tomatenmark
400 g Borlottibohnen (aus der Dose, abgetropft)
400 g Cannellinibohnen (aus der Dose, abgetropft)
200 ml Rinderbrühe
1 Thymianzweig (nur die Blätter)
Salz und schwarzer Pfeffer (frisch gemahlen)

1 Zuerst die Entenkeulen pökeln: Die Keulen in eine Schüssel legen, das Salz darübergeben und gut einmassieren. Zugedeckt über Nacht in den Kühlschrank stellen. Am nächsten Tag herausnehmen und das Salz sorgfältig mit kaltem Wasser abwaschen.

2 Den Ofen auf 150 °C (Gas Stufe 2) vorheizen. Die Entenkeulen in einen Bräter legen. Alle Gewürze hinzugeben. Das Entenfett in einem Topf schmelzen und über die Keulen geben. Den Bräter mit einem Deckel oder Alufolie fest verschließen und in den heißen Ofen stellen. Immer wieder prüfen, ob das Fett nicht blubbert. Ist es zu heiß, die Ofentemperatur ein wenig reduzieren. Das Ganze etwa 1½ Stunden schmoren.

3 Für das Cassoulet den Pancetta in dem Entenfett goldbraun braten. Anschließend die Hitze reduzieren und Knoblauch, Zwiebel, Karotte, Lauch und Lorbeerblatt hinzugeben. Das Ganze sollte langsam köcheln, aber nicht bräunen. Wenn das Gemüse weich wird, den Wein angießen und alles auf die Hälfte einkochen. Das Tomatenmark hinzufügen und gut durchrühren, dann die Bohnen und die Rinderbrühe in den Topf geben. Die Brühe 15 Minuten einköcheln lassen. Zum Schluss die Thymianblätter unterrühren und das Cassoulet mit Salz und Pfeffer abschmecken.

4 Die Entenkeulen sind fertig, wenn das Fleisch fast vom Knochen fällt. Aus dem Fett nehmen und die Haut entfernen. Die gehäuteten Keulen in dem Cassoulet nochmals erwärmen und servieren.

FILET WELLINGTON

Ich habe beschlossen, ein paar Regeln des klassischen Wellingtonrezeptes zu brechen. Die Garmethode ist im Grunde gleich, allerdings sind einige Zutaten abgeändert. Rinderfilet ist teuer, aber hin und wieder sollte man sich einmal etwas gönnen. Fragen Sie nach dem Mittelstück, damit es wirklich gleichmäßig gart.

FÜR 2 PERSONEN

50 g Butter
4 Schalotten (geschält, gewürfelt)
2 Knoblauchzehen (geschält, zerdrückt)
6 Portobellopilze (Haut abgezogen, gewürfelt)
Meersalz und schwarzer Pfeffer (frisch gemahlen)
300 g Spinat
1 EL Olivenöl
500 g Rinderfilet (am Stück)
500 g fertiger Blätterteig
Mehl zum Bestäuben
1 Ei (mit 20 ml Milch verquirlt)

1 Den Ofen auf 180 °C (Gas Stufe 4) vorheizen.

2 Die Butter in einer Pfanne schmelzen und die Schalotten sowie den Knoblauch darin 5–6 Minuten anschwitzen. Anschließend die Pilze hinzufügen, alles noch etwas köcheln lassen und durch ein Sieb gießen, damit die überschüssige Flüssigkeit abläuft. Kühl stellen.

3 Den Spinat in kochendem Salzwasser blanchieren. Abgießen und mit kaltem Wasser abschrecken. Gut ausdrücken und beiseitestellen.

4 Das Öl in einer Pfanne erhitzen. Das Fleisch mit Salz und Pfeffer kräftig würzen und rundherum kurz anbraten, damit sich die Poren schließen. Aus der Pfanne nehmen und erst einmal beiseitestellen.

5 Den Blätterteig auf einer bemehlten Arbeitsfläche ausrollen, sodass ein 2–3 mm dickes Rechteck entsteht. Den Spinat darauf verteilen, aber auf drei Seiten einen 2 cm breiten und auf der vierten Seite einen 4 cm breiten Rand lassen. Die Pilzmischung gleichmäßig auf dem Spinat verteilen.

6 Das Rinderfilet auf ein Ende des Blätterteigs legen. Die Ränder mit der Eiermilch einpinseln und das Filet dann in dem Teig aufrollen, sodass es komplett eingepackt ist. Überschüssigen Teig abschneiden und die Enden verschließen, indem sie kurzerhand unter die Rolle geklappt werden. (Bis zu diesem Punkt lässt sich das Rezept im Voraus vorbereiten.)

7 Das Paket auf ein Backblech legen, die Oberfläche mit der Eiermilch einpinseln und mit Meersalz bestreuen. Im heißen Ofen 25 Minuten backen. Anschließend herausnehmen, 5 Minuten ruhen lassen, halbieren und servieren.

LANGUSTINENLASAGNE

MIT KERBEL UND GRUYÈRESOSSE

FÜR 4 PERSONEN

1 x Pastateig (siehe Rezept S. 150)
24 Langustinen

FÜR DEN FISCHSUD
1 Fenchelknolle (geschnitten)
½ Flasche Weißwein
200 ml Wasser
1 Zwiebel (geschält, geschnitten)
2 Pfefferkörner
1 Sternanis

FÜR DIE SOSSE
20 g Butter
2 Schalotten (geschält, fein geschnitten)
½ Knoblauchzehe
1 Lauchstange (nur das Weiße, geputzt, fein gehackt)
1 Thymianzweig
1 Bund Kerbel (nur die Stängel; die Blätter zum Garnieren aufheben)
Die Langustinenschalen und 200 ml des Fischsuds
2 TL Tomatenmark
50 ml Pernod
200 ml Sahne
50 g Gruyère
Saft von ½ Zitrone
1 Prise Cayennepfeffer
1 Eigelb (Raumtemperatur)

1 Den Pastateig gemäß Anweisungen auf S. 150 zubereiten.

2 Die Langustinen in einen großen Topf geben und alle Zutaten für den Fischsud hinzufügen. Die Langustinen 5–6 Minuten pochieren, wieder herausnehmen und etwas abkühlen lassen. Anschließend die Köpfe, die Scheren und den Panzer (für die Soße aufheben!) entfernen und die Langustinen erst einmal beiseitestellen.

3 Die Butter in einem Topf schmelzen und darin die Schalotten, den Knoblauch, den Lauch, den Thymian, die Kerbelstängel und die Langustinenschalen anschwitzen. Wenn das Gemüse weich wird, den Sud hinzufügen, das Tomatenmark und den Pernod einrühren und alles langsam ein wenig einkochen lassen. Die Sahne angießen, das Ganze etwa 20 Minuten bei niedriger Hitze köcheln lassen und dann den Käse hineingeben. Wenn die Soße leicht angedickt ist, 1 Spritzer Zitronensaft und den Cayennepfeffer unterrühren. Anschließend abseihen.

4 Den Pastateig aus dem Kühlschrank nehmen und die Hälfte durch die Nudelmaschine (auf vorletzter Einstellung) drehen. In 6 cm große Quadrate schneiden und diese zwischen Backpapierblätter legen. Die zweite Hälfte ebenso ausrollen. Falls der Teig zu sehr klebt, wird ein wenig Mehl benötigt.

5 Das Gericht zusammensetzen. Den Nudelteig in Salzwasser 3 Minuten vorsichtig kochen. Die Soße langsam wieder erwärmen. In letzter Minute die Langustinen und das Eigelb hineingeben. Etwas Soße auf den Boden eines Serviertellers löffeln. Darauf ein Nudelblatt und einige Langustinen legen. Das Ganze wiederholen, bis drei Schichten entstanden sind. Dann die restliche Soße darübergeben. Einige Minuten unter den Ofengrill stellen und zum Servieren mit ein paar Kerbelzweigen garnieren.

SCHMELZENDE SCHOKOLADENKÜCHLEIN

Ich habe noch nie jemanden kennengelernt, der diesem Dessert widerstehen konnte. Diese Küchlein müssen sofort nach dem Backen serviert werden, da der geschmolzene Schokoladenkern weitergart und sie sonst eher Biskuit als Fondant erhalten, was einige Gäste sicher sehr enttäuschen würde. Das Schwierigste ist, die Förmchen zu stürzen. Machen Sie es ganz schnell, denn die Chance, dass der Kuchen in sich zusammenfällt, ist viel größer, wenn man sich Zeit lässt. Benötigt werden sechs feuerfeste Förmchen, vorzugsweise beschichtete. Normale Puddingformen tun's aber auch, die dann aber sehr gut eingefettet und mit Kakao bestäubt werden müssen.

FÜR 6 PERSONEN

150 g Butter, plus etwas mehr zum Einfetten
6 TL Kakaopulver, plus etwas mehr zum Dekorieren
150 g gute Schokolade (70% Kakaoanteil, in kleine Stücke gebrochen)
3 Eier
3 Eigelb
150 g Zucker
150 g Mehl
Schlagsahne zum Servieren

1 Den Ofen auf 160 °C (Gas Stufe 3) vorheizen.

2 Jede Form sorgfältig mit Butter einfetten und 1 TL Kakaopulver hineingeben. Die Förmchen drehen, sodass sich das Pulver gleichmäßig verteilt. Überschüssigen Kakao abschütteln und die Förmchen erst einmal in den Kühlschrank stellen.

3 Die Butter mit der Schokolade im Wasserbad schmelzen. Wenn die Schokolade vollständig geschmolzen ist, das Ganze vom Herd nehmen und etwas abkühlen lassen.

4 Die Eier und das Eigelb mit dem Zucker schaumig schlagen. Die abgekühlte Schokoladenmasse hineingießen und langsam unterrühren. Das Mehl hineinsieben und vorsichtig unterheben.

5 Den Teig gleichmäßig auf die Förmchen verteilen und im heißen Ofen 10 Minuten backen. Die Förmchen aus dem Ofen nehmen und sofort auf Servierteller stürzen. Achtung, die Formen sind sehr heiß! Die Kuchen sollten ganz leicht herausgleiten – wenn nicht, die Ränder sehr vorsichtig mit einem Messer lösen. Sofort mit Schlagsahne servieren.

TIPP

Man kann die Küchlein vorbereiten und bis zum Backen im Kühlschrank aufbewahren. Die Backzeit verlängert sich dann um 2 Minuten.

POCHIERTE BIRNEN

MIT HONIGMASCARPONE

Dies ist wahrscheinlich eines der einfachsten Desserts überhaupt, und es kommt immer gut an. Die Birnen benötigen nicht so lang zum Garen, wie Sie vielleicht denken, vor allem, wenn sie reif sind.

FÜR 6 PERSONEN

FÜR DIE POCHIERFLÜSSIGKEIT
1 Flasche Rotwein
200 g Zucker
Schale von 1 Orange (mit dem Sparschäler abgezogen)
1 Sternanis
2 Nelken
1 Zimtstange
2 Kardamomkapseln (zerdrückt)
2 schwarze Pfefferkörner

6 reife Birnen
3 EL flüssiger Honig
300 g Mascarpone

1 Alle Zutaten für die Pochierflüssigkeit in einen Topf geben und langsam aufkochen lassen.

2 Die Birnen im Ganzen schälen, dabei die Stiele intakt lassen. Mit einem Teelöffel von unten aus so viel wie möglich vom Kerngehäuse entfernen, ohne die Birnen zu zerschneiden.

3 Sobald die Pochierflüssigkeit kocht, die Hitze sehr stark reduzieren und die Birnen hineinlegen. 10 Minuten pochieren und bei Halbzeit einmal umdrehen, damit sie von allen Seiten schön Farbe annehmen. Die Birnen müssen nicht gekocht werden, es sei denn, sie sind noch nicht reif. In dem Fall in der Flüssigkeit köcheln lassen, bis man ein Messer ohne Widerstand hineinstechen kann.

4 Vom Herd nehmen und die Birnen in der Pochierflüssigkeit leicht abkühlen lassen, aber noch warm servieren. Falls das Ganze noch einmal aufgewärmt werden muss, einfach kurz auf dem Herd aufkochen lassen.

5 Den Honig mit dem Mascarpone mischen und zu den Birnen servieren. Darauf achten, dass jeder Gast genug Birne und Flüssigkeit bekommt. Die Pochierflüssigkeit kann auch zu Sirup eingekocht werden.

ZITRONEN-HIMBEER-TARTE

Die wundervolle Tarte ist nur schwer zu überbieten. Sie sieht toll aus und schmeckt noch besser – damit können Sie Gäste garantiert beeindrucken. Die Tarte ergibt etwa 12 Stücke und hält sich eine Weile, falls sie nicht sofort aufgegessen wird, was allerdings eher unwahrscheinlich ist. Man benötigt einen Tortenring mit abnehmbarem Boden von 22–25 cm Durchmesser und 2 cm Höhe. Eine beschichtete Form wäre ideal.

FÜR 12 STÜCKE

1 x süßer Mürbeteig (Rezept siehe S. 156)
Butter zum Einfetten
Mehl zum Ausrollen

FÜR DIE FÜLLUNG
150 g Zucker
6 kleine oder 5 große Eigelb (am besten von Bioeiern)
Schale (abgerieben) von 4, Saft von 1 ½ Zitronen
150 ml Sahne
200 g Himbeeren
Bohnen zum Blindbacken
Puderzucker zum Bestäuben

1 Den süßen Mürbeteig 30 Minuten in den Kühlschrank legen. Den Tortenring gut mit Butter einfetten. Den Teig aus dem Kühlschrank nehmen. Die Arbeitsfläche mit Mehl bestäuben, den Teig 2 mm dick ausrollen. Diesen dabei immer wieder umdrehen und gegebenenfalls mit etwas mehr Mehl bestäuben.

2 Den Teig in die Form legen (keine Angst, falls er reißt – das lässt sich mit dem überschüssigen Teig leicht reparieren). Gut in die Ecken drücken, das ist wichtig, sonst schrumpft er! Überschüssigen Teig am Rand abschneiden und die Form in den Kühlschrank stellen.

3 Den Ofen auf 180 °C (Gas Stufe 4) vorheizen und die Füllung vorbereiten. Zucker und Eigelb schaumig schlagen. Zitronenschale und den Saft hinzufügen.

4 Die Sahne in einem kleinen Topf aufkochen lassen. Vom Herd nehmen und langsam über die Eimischung gießen. Dabei die ganze Zeit rühren. Leicht abkühlen lassen.

5 Die Form aus dem Kühlschrank nehmen und auf ein Backblech stellen. Den Teig mit Backpapier bedecken, mit trockenen Bohnen füllen und 10 Minuten blindbacken. Dann die Bohnen entfernen und weitere 5 Minuten backen, bis der Boden schön goldbraun ist.

6 Die Himbeeren auf dem Boden verteilen und die Zitronencreme darübergießen.

7 Die Ofentemperatur auf 160 °C (Gas Stufe 3) reduzieren und die Tarte 35 Minuten backen, bis die Füllung nicht mehr wackelt, wenn man die Form bewegt. Aus dem Ofen nehmen und 1–2 Stunden abkühlen lassen. Vor dem Servieren mit Puderzucker bestäuben und in Stücke schneiden. Ich mag dazu Crème fraîche und frische Himbeeren.

TIPP Je weniger Sie den Teig anfassen, desto besser gelingt das Endprodukt. Und wenn Sie die Form vor dem Backen nicht ruhen lassen, schrumpft der Teig im Ofen.

TIPP Die Trüffel bleiben im Kühlschrank etwa eine Woche frisch. Sie müssen sie jedoch noch einmal in Kakao wälzen, da sich dieser mit der Zeit auflöst.

SCHOKOLADEN-TRÜFFEL

MIT RUM UND ORANGE

Falls Sie vor Ihren Gästen einmal so richtig angeben möchten, ist dies die Chance. Oder verpacken Sie die Trüffel in hübsche kleine Boxen und verteilen sie als Geschenke. Wie bei den meisten Desserts kommt es auch hier auf die Qualität der Schokolade an.

FÜR 25–30 STÜCK

400 ml Sahne
30–50 ml brauner Rum (je nach Geschmack)
Schale von 1 Orange (mit der Reibe abgerieben)
400 g Schokolade (70 % Kakaoanteil, in Stücke gebrochen)

ZUM BESTÄUBEN (BZW. WÄLZEN), GANZ NACH GESCHMACK
Mandelstifte
Zerstoßene Pistazien
Kokosflocken
Kakaopuder

1 Für die Schokoladenganache die Sahne mit dem Rum und der Orangenschale aufkochen lassen. Über die Schokoladenstücke gießen und so lange rühren, bis die Schokolade ganz geschmolzen ist. Anschließend 2–3 Stunden im Kühlschrank fest werden lassen.

2 Die Schokoladenganache aus dem Kühlschrank nehmen. Die folgende Arbeit muss an einem kühlen Ort geschehen. Die Dekorationen auf verschiedenen Tellern vorbereiten.

3 Einen Teelöffel in heißes Wasser legen und damit einen Löffel Schokoladenganache ausstechen, mit den Händen rasch zu einer Kugel rollen und rundherum in der gewählten Deko wälzen. Auf einen Teller mit Backpapier legen und in den Kühlschrank stellen.

BISCOTTI

DIE NOBLEN ITALIENISCHEN KEKSE

Die Biscotti, die man auf Dinnerpartys sieht, sind meist gekauft und werden zum falschen Getränk (Kaffee) gereicht. Eigentlich gehören sie zu italienischem Dessertwein.

FÜR 25–30 STÜCK

35 g Butter
2 TL Marsala
3 Eier
2 Eigelb
300 g Zucker
425 g Mehl (gesiebt)
1 TL Backpulver
130 g ganze Mandeln
100 g ganze Haselnüsse
Etwas Butter oder Öl zum Einfetten

1 Den Ofen auf 180 °C (Gas Stufe 4) vorheizen.

2 Butter und Marsala in einem kleinen Topf erhitzen. Eier, Eigelb und Zucker in einer Schüssel so lange verrühren, bis sich ein »Schwanz« bildet, wenn man den Schneebesen herausnimmt. Das geht mit dem Handrührgerät ganz leicht. Die Wein-Butter-Mischung dazugeben und das Mehl und das Backpulver sorgfältig unterheben. Anschließend die Nüsse ebenfalls unterrühren.

3 Ein Backblech einfetten, aus dem Teig eine zigarrenartige Rolle formen und auf das Backblech legen. Meist reicht der Teig für zwei Rollen – falls ja, weit auseinanderlegen, da der Teig beim Backen aufgeht. 40 Minuten backen.

4 Aus dem Ofen nehmen, abkühlen und dann in Scheiben schneiden. In einem luftdichten Behälter bleiben die Biscotti zwei Wochen frisch.

GRUNDREZEPTE

Auf die folgenden Rezepte schwören sogar die Profis. Sie sind für das Repertoire eines jeden Kochs – ob er oder sie nun zu Hause am Herd steht oder in einem Sternerestaurant kocht – unerlässlich, aber man muss sie nicht auswendig wissen. Die Rezepte sind überaus nützlich, und vielleicht können Sie auch noch den einen oder anderen Trick lernen.

PASTATEIG

FÜR 500 GRAMM TEIG
AUSREICHEND FÜR EINE LASAGNE
FÜR 4 PERSONEN ODER SPAGHETTI
FÜR 2–3 PERSONEN

500 g Mehl Type »00« (im italienischen Supermarkt erhältlich)
4 Eier
6 Eigelb
1 TL Salz
1 TL Olivenöl
2 TL Wasser mit 1 Prise Safranfäden

1 Das Mehl in eine große Schüssel sieben und in die Mitte eine Mulde drücken. Eier und Eigelb hineingeben und mit den Fingern das Ganze verkneten.

2 Salz und Olivenöl hinzufügen. Nach und nach (vielleicht wird nicht alles gebraucht) das Wasser zufügen, bis der Teig geschmeidig ist. Das kann auch alles mit der Küchenmaschine erledigt werden.

3 Den Teig auf eine Arbeitsfläche geben und so kräftig wie möglich durchkneten, bis er glatt ist. Die Arbeitsfläche muss nicht eingemehlt werden, es sei denn, der Teig ist zu feucht.

4 Den fertigen Teig in Frischhaltefolie wickeln und vor der Verwendung mindestens 30 Minuten kalt stellen.

PIZZATEIG

FÜR 2 KLEINE PIZZAS

7 g Trockenhefe (entspricht 1 gestrichenem TL)
1 TL Zucker
50 ml lauwarme Milch mit 300 ml lauwarmem Wasser gemischt
650 g kräftiges Mehl (Type 1050)
1 ½ EL Olivenöl
2 TL Salz

1 Die Hefe und den Zucker in einem Drittel der Milch-Wasser-Mischung auflösen.

2 Das Mehl in eine große Schüssel sieben und eine Mulde in die Mitte drücken. Ein wenig von der Hefemischung und das Olivenöl hinzufügen und mit dem Kneten beginnen. Nach und nach den Rest der Flüssigkeit und das Salz dazugeben. Eventuell wird etwas mehr oder weniger Wasser benötigt. Das Ganze soll einen schönen festen Teig ergeben.

3 Den Teig auf eine leicht bemehlte Arbeitsfläche legen und mindestens 5 Minuten kräftig durchkneten und mit den Handflächen bearbeiten.

4 Den Teig zurück in die Schüssel geben, mit einem Geschirrtuch abdecken und 30 Minuten an einem warmen Ort gehen lassen, bis er sich etwa verdoppelt hat. Den Teig herausnehmen, nochmals sorgfältig durchkneten und mit etwas Mehl sehr dünn ausrollen.

BASISVINAIGRETTE

Eine Vinaigrette sollte mit derselben Methode hergestellt werden wie eine Mayonnaise (siehe S. 153), und sie sollte am Ende auch etwa dieselbe Konsistenz haben. Im Grunde ist es aber nicht ganz so wichtig, denn solange das Ganze vor der Verwendung gut durchgeschüttelt wird, verteilen sich die Aromen auch so gut.

FÜR EIN SALATDRESSING

Schale (abgerieben) und Saft von 1 Zitrone
1 EL Dijonsenf
1 TL Honig
2 EL Weißwein- oder Sherryessig
1 Prise Salz
150 ml Olivenöl

1 Die Zitronenschale und den -saft in eine Schüssel geben und mit dem Senf, dem Honig, dem Essig und dem Salz verrühren. Nach und nach das Olivenöl mit dem Schneebesen unterrühren.

2 In einen Krug oder eine Flasche abfüllen und bis zum Gebrauch beiseitestellen (aber nicht in den Kühlschrank, da das Öl sonst dick und trüb wird). Vor dem Servieren kräftig schütteln.

TOMATENSOSSE

Eine gute Tomatensoße sollte man immer im Kühlschrank haben. Wenn Sie das nächste Mal Nudeln, Fleischragout oder Pizza zubereiten, erhöhen Sie einfach die Zutatenmenge und füllen die überschüssige Soße ab. Sie hält sich ein paar Tage im Kühlschrank.

FÜR 4 PERSONEN ALS PASTASOSSE

1 rote Zwiebel (geschält, fein gehackt)
2 Knoblauchzehen (geschält)
1 TL Olivenöl
1 Thymianzweig
1 EL Tomatenmark
½ Glas Rotwein
1 EL Aceto Balsamico
2 TL Zucker
400 g Dosentomaten (gehackt)
Salz und schwarzer Pfeffer (frisch gemahlen)

1 Zwiebel und Knoblauch in dem Öl glasig dünsten.

2 Den Thymian und das Tomatenmark hinzugeben und das Ganze mit dem Rotwein aufgießen. Auf die Hälfte einkochen lassen und anschließend den Aceto Balsamico, den Zucker und die Tomaten hinzufügen. Die Konservendose aufheben, halb mit Wasser füllen und zur Soße geben.

3 Das Ganze etwa 20 Minuten köcheln lassen. Kräftig mit Salz und Pfeffer abschmecken. Die fertige Soße entweder pürieren und/oder in einen Behälter füllen und im Kühlschrank aufbewahren.

TIPP

Eine Vinaigrette ist nicht nur als Salatsoße toll; sie schmeckt (anstelle von Butter) auch prima über gekochtem Gemüse oder gekochtem Fisch.

SAUCE HOLLANDAISE

Dieser Soßenklassiker ist kaum zu überbieten, wenn Sie Ihre Gäste so richtig verwöhnen wollen. Man kann dabei auch nicht schummeln. Im Grunde ist eine Hollandaise fast nur Butter, die mit Eigelb angereichert wird, aber zu einem pochierten Ei und Räucherlachs ist sie absolut unschlagbar. Die Reduktion können Sie im Voraus vorbereiten.

FÜR 4 PERSONEN

100 ml Weißweinessig
1 Schalotte (geschält, fein geschnitten)
4 schwarze Pfefferkörner
1 Lorbeerblatt
Schale von ½ Zitrone (abgerieben)
3 Eigelb
1 EL Wasser
175 g Butter (in Würfeln)
Salz
Saft von ½ Zitrone

1 Zur Herstellung der Reduktion für die Soße den Essig, die Schalotte, die Pfefferkörner, das Lorbeerblatt und die Zitronenschale in einen Topf geben. Bei mittlerer Hitze langsam aufkochen lassen. Das Ganze so weit reduzieren, bis fast nichts mehr übrig ist, und den Rest durch ein Sieb geben.

2 Einen Topf Wasser aufkochen lassen. Dann die Hitze stark reduzieren. Die Reduktion in eine Schüssel geben, die auf den Topf passt, ohne mit dem Wasser in Kontakt zu kommen. Das Eigelb und 1 EL Wasser mit dem Schneebesen unterrühren.

3 Die Butter Stück für Stück hinzufügen. Das nächste Stück immer erst dann hineingeben, wenn das vorherige sich ganz aufgelöst hat. Dabei die ganze Zeit weiterrühren. Falls die Schüssel zu heiß wird, einige Sekunden vom Topf nehmen.

4 Wenn die Soße eingedickt ist, vom Herd nehmen und mit Salz und Zitronensaft abschmecken.

5 Die Hollandaise hält sich recht gut. An einem warmen Ort abgedeckt 1 Stunde stehen lassen, damit sich keine Haut bildet.

VARIATION

Für Sauce béarnaise der Reduktion gehackten Estragon und am Ende Kerbel hinzufügen. Diese Soße passt hervorragend zu saftigem Steak und hausgemachten Pommes frites.

MAYONNAISE

FÜR ALLE GESCHMACKSRICHTUNGEN

Mayonnaise ist erstaunlicherweise recht einfach herzustellen. Am schwierigsten ist dabei, das Ei perfekt zu trennen, da kein Eiweiß in die Mayo gelangen darf. Falls die Mayonnaise nicht dick wird, wurde das Öl vielleicht zu schnell hinzugefügt, und es hat sich abgesetzt. Wenn dies passiert, geben Sie ein weiteres Eigelb in eine neue Schüssel und rühren es ganz langsam unter die Mayonnaise. Achtung: Die Eier dürfen nicht kalt sein!

FÜR 200 MILLILITER

2 Eigelb (sehr sorgfältig getrennt)
1 TL Dijonsenf
250 ml Pflanzen- bzw. Rapsöl
Saft von 1 Zitrone
½ TL Salz
Schwarzer Pfeffer
Wahlweise zum Aromatisieren:
geriebener Knoblauch, gehackter Koriander, Limonenschale oder etwas fein gehackte Chilischote

1 Das Eigelb in eine Schüssel geben und den Senf hinzufügen. Mit dem Schneebesen leicht durchrühren, damit das Eigelb verläuft. Nun das Öl Tropfen für Tropfen hinzufügen. Jeder Tropfen muss gut unter das Eigelb gerührt werden, bevor der nächste Öltropfen hineinkommt! Je mehr Öl zugefügt wird, desto dicker wird die Mayonnaise. Das Ganze erfordert sehr viel Geduld, sonst setzt sich das Öl ab.

2 Sobald die Mayonnaise die gewünschte Konsistenz hat, Zitronensaft, Salz und Pfeffer nach Geschmack zufügen und das Ganze schließlich nach Wahl aromatisieren.

BRÜHE

Es gibt drei Sorten Brühe, die Sie wahrscheinlich benötigen. Rinderbrühe habe ich weggelassen, weil sie seltener verwendet wird. Außerdem sind Rinderknochen meist zu groß für die vorhandenen Töpfe.

Hier ist eine Liste der wichtigsten Gemüsesorten. Sie sollen nur sorgfältig geputzt, aber nicht geschält werden, denn unter der Schale sitzt der ganze Geschmack. Jedes Gemüse in etwa 5 cm große Stücke schneiden.

Karotten (weniger Karotten als andere Gemüsesorten verwenden, sonst wird die Brühe süßlich)
Sellerie
Zwiebeln
Lauch

BOUQUET GARNI (DAS »PARFÜM« DER BRÜHE), BESTEHEND AUS:
Lorbeerblatt, Thymian, Pfefferkörnern, Petersilienstängeln und einer halbierten Knoblauchknolle

DUNKLE HÜHNERBRÜHE

Braune Brühe ist eine gute Basis für die meisten Bratensoßen. Dieses Rezept ergibt 5 Liter Brühe, aber keine Sorge, falls Sie keinen Fünflitertopf besitzen. Ist der Topf etwas kleiner, schmeckt die Brühe eben intensiver (und das ist doch eine feine Sache). Die Knochen und das Gemüse sollten den Topf maximal bis zur Hälfte füllen. Falls die Menge größer ist, verteilen Sie alles auf zwei Töpfe.

FÜR BIS ZU 5 LITER

1 kg Gemüse (siehe oben)
1 ½ kg Hühnerknochen (ohne Haut und Fett)
2 EL Tomatenmark
½ Flasche Weißwein
1 Bouquet garni (siehe oben)

1 Den Ofen auf 180 °C (Gas Stufe 4) vorheizen. Das Gemüse in einen großen Bräter geben. Die Knochen mit dem Tomatenpüree einstreichen und darauf verteilen.

2 Den Bräter in den heißen Ofen stellen und alles etwa 30 Minuten schmoren, bis die Knochen goldbraun sind.

3 Den Inhalt des Bräters in einen großen Suppentopf schütten. Den leeren Bräter bei niedriger Hitze auf den Herd stellen, den Bratensatz mit Weißwein ablöschen und den Boden gut abkratzen. Die Flüssigkeit etwa auf die Hälfte einkochen lassen. Den reduzierten Wein in den Suppentopf geben und das Ganze bis 1 cm unterhalb des Topfrands mit kaltem Wasser auffüllen.

4 Das Bouquet garni hineingeben und alles aufkochen lassen. Sich eventuell bildenden Schaum von der Oberfläche abschöpfen. Den Topf zudecken und das Ganze bei niedriger Hitze 5–6 Stunden köcheln lassen. Hin und wieder Wasser nachgießen.

5 Wenn die Brühe fertig ist, alles durch ein feines Sieb gießen, leicht abkühlen lassen und das Fett, das sich auf der Oberfläche absetzt, abschöpfen.

6 Komplett abkühlen lassen, anschließend in große Gläser füllen und in den Kühlschrank stellen (dort hält sich die Brühe 3–4 Tage) oder portionsweise einfrieren.

HELLE HÜHNERBRÜHE

Diese Brühe eignet sich für Suppen, weiße Soßen oder einfach zum Pochieren.
Die Zutaten und Mengenangaben entsprechen fast denen der dunklen Brühe, aber die Zubereitungsmethode ist etwas anders.

FÜR BIS ZU 5 LITER

1 Alle Zutaten außer dem Tomatenmark, das für dieses Rezept nicht benötigt wird, in einen Suppentopf geben. Die Knochen müssen vorher nicht geröstet werden. Bis 1 cm unter den Rand mit kaltem Wasser auffüllen. Die Kräuter hineingeben, alles aufkochen lassen und wie gehabt kochen.

2 Wenn die Brühe fertig ist, durch ein feines Sieb gießen, leicht abkühlen lassen und das Fett, das sich auf der Oberfläche absetzt, abschöpfen.

3 Ganz abkühlen lassen und wie die dunkle Brühe aufbewahren.

GEMÜSEBRÜHE

Gemüsebrühe ist sehr vielseitig und leicht zuzubereiten. Man kann sie als Ersatz für jede andere Brühe verwenden. Halb so viel Gemüse wie Wasser zu benutzen, ist hier die Grundregel. Geben Sie etwas Sternanis hinein, wenn Sie mögen.

FÜR BIS ZU 5 LITER

1 Das Gemüse wie gehabt vorbereiten, mit kaltem Wasser bedecken und etwa 1 Stunde kochen lassen. Die fertige Brühe mit dem Gemüse darin komplett erkalten lassen und erst dann abseihen. Wie die Hühnerbrühe aufbewahren.

HERZHAFTER MÜRBETEIG

FÜR EINE SPRINGFORM VON 22–25 ZENTIMETER DURCHMESSER BZW. 250 GRAMM TEIG

250 g Mehl (gesiebt)
1 Prise Salz
125 g kalte Butter (in Stücken)
2–3 EL kaltes Wasser

1 Mehl und Salz in eine Schüssel sieben und die Butterstücke hinzugeben. Mehl und Butter mit den Fingerspitzen zusammenreiben, bis das Ganze wie Streusel aussieht. Ein wenig Wasser dazugeben und zu einem glatten Teig kneten.

2 Zu einer Kugel formen, in Frischhaltefolie wickeln und vor der Weiterverarbeitung 30 Minuten im Kühlschrank ruhen lassen.

SÜSSER MÜRBETEIG

FÜR EINE 25–30 ZENTIMETER GROSSE SPRINGFORM

250 g Mehl
75 g gemahlene Mandeln
150 g kalte Butter (gewürfelt)
Schale von 1 Zitrone (abgerieben)
100 g Puderzucker (gesiebt)
1 Eigelb
Etwa 30 ml kaltes Wasser

1 Das Mehl in eine große Schüssel sieben und die Mandeln dazugeben. Die Butter hinzufügen. Mehl, Mandeln und Butter mit den Fingerspitzen zusammenreiben, bis das Ganze wie Streusel aussieht. Besser noch, alles 30 Sekunden lang mixen.

2 Die Zitronenschale und den Puderzucker hineingeben. Anschließend das Eigelb zufügen und alles mit den Fingern durchkneten, bis sich ein Teig zu formen beginnt. Falls der Teig zu trocken wirkt, etwas Wasser hineingeben.

3 Zu einer Kugel formen, in Frischhaltefolie wickeln und vor der Weiterverarbeitung 20 Minuten im Kühlschrank ruhen lassen.

ECHTE EIERCREME

FÜR 500 MILLILITER BZW. 5–6 PERSONEN

500 ml Sahne
1 Vanilleschote oder ein paar Tropfen Vanilleextrakt
5 Eigelb
1 Ei
100 g Zucker

1 Die Sahne in einen Topf gießen und mit dem ausgekratzten Vanillemark langsam aufkochen lassen.

2 Das Eigelb, das Ei und den Zucker mit einem Schnee-besen verrühren. Sobald die Sahne aufgekocht ist, ein wenig davon ganz langsam über die Eimischung gießen und dabei ständig rühren. Wird zu schnell gegossen, entsteht Rührei. Nach und nach die ganze Sahne hinein-gießen und dabei immer weiterrühren. Wenn alles gut gemischt ist, zurück in den Topf gießen und noch einmal erwärmen.

3 Mit einem Plastiklöffel weiterrühren, bis die Creme am Löffel kleben bleibt. Sobald sie die gewünschte Konsistenz hat, durch ein Sieb gießen und servieren.

LECKERER BUTTERSCOTCH

Dies ist die süßeste, klebrigste Soße, die Sie jemals kochen werden. Niemand kann ihr widerstehen! Die Soße kann zu allem serviert werden, sogar zu Cornflakes, wenn man so etwas mag.

FÜR 500 MILLILITER BZW. 5–6 PERSONEN

250 g brauner Zucker
110 g Butter
250 g Rübenkrautsirup
275 ml Sahne
½ TL Vanilleextrakt

1 Den Zucker mit der Butter und dem Sirup in einen Topf geben und bei niedriger Hitze schmelzen lassen.

2 Gut umrühren und langsam aufkochen lassen. Einige Minuten kochen. Darauf achten, dass die Butter gut mit dem Zucker vermischt ist, dann nach und nach die Sahne hineingießen und den Vanilleextrakt hinzufügen. Noch einmal alles gut durchrühren und 1–2 Minuten kochen lassen.

3 Heiß oder kalt servieren. Die Soße hält sich im Kühlschrank ewig und kann prima in der Mikrowelle wieder aufgewärmt werden.

EXTRA REICHHALTIGE SCHOKOLADENSOSSE

FÜR 250 MILLILITER BZW. 3–4 PERSONEN

100 ml Sahne
30 g Zucker
100 ml Milch
200 g dunkle Schokolade (70 % Kakaoanteil)
30 g kalte Butter (gewürfelt)

1 Die Sahne mit dem Zucker und der Milch aufkochen lassen.

2 Die Schokolade in kleine Stücke brechen und in eine Schüssel geben. Die Sahnemischung darübergießen und rühren, bis die Schokolade geschmolzen ist. Nun die Butter unterrühren, damit die Soße schön glänzt.

3 Heiß servieren. Die Soße hält sich im Kühlschrank eine Weile, wird dabei aber fest. Einfach im Topf oder in der Mikrowelle (dort allerdings im Wasserbad, immer nur 30 Sekunden anschalten und dann jeweils umrühren, bis alles geschmolzen ist) wieder aufwärmen.

DANKSAGUNG

Hätte mir jemand vor zwei Jahren, als ich noch als Anfängerin im Westminster Kingsway College stand, gesagt, ich würde so ein schönes Buch schreiben, ich hätte mich totgelacht. Und meine Lehrer wahrscheinlich auch. Mr Cottam, Mr Stocker und Mr Brown – Sie sind wirklich toll. Vielen Dank für alles!

Zu kochen und über das Kochen zu schreiben sind meine absoluten Lieblingsbeschäftigungen, aber ich hätte niemals geglaubt, davon wirklich leben zu können. Als ich mich hinsetzte, um das erste Rezept aufzuschreiben, befürchtete ich, eine monumentale Aufgabe vor mir zu haben. Schließlich hatte ich bisher bestenfalls Dankeskarten nach Weihnachten geschrieben. Tatsächlich konnte ich aber gar nicht schnell genug tippen, um all die Ideen, die mir durch den Kopf schossen, zu Papier zu bringen.

Ich denke, die erste große Inspiration in meiner Kochkarriere war meine wunderbare Oma Vera, deren Fleischpastete absolut legendär ist. Ich erinnere mich noch genau daran, wie ich in der Küche in Plaistow Teig ausrollte, noch bevor ich über den Tischrand gucken konnte. Und dann ist da natürlich noch meine tolle Mum, die in Wahrheit viel besser kocht als ich; aber verraten Sie ihr nicht, dass ich Ihnen das gesagt habe! Meinen Vater darf ich natürlich auch nicht vergessen, obwohl das einzig Gute, was er jemals gekocht hat, eine Shepherd's Pie war. Es war aber eine sehr leckere Shepherd's Pie, deshalb will ich gar nicht meckern. Was ich sagen möchte ist, dass meine schönsten Erinnerungen eigentlich immer mit Essen verbunden sind. Sonntagslunch bei Kevin und Mandy, wo der Rotwein mindestens genauso wichtig war wie die geschmorte Lammkeule …

Einer der Menschen, auf die ich mich beim Schreiben dieses Buches verlassen konnte, ist Anthony. Vielen Dank für deine Ehrlichkeit. Du bist ein Star, vielen, vielen Dank!

Natürlich darf ich auch die vielen Menschen nicht vergessen, die mir diese erstaunliche Erfahrung ermöglichten. Da ist der wunderbare, aufrichtige Robert Common, mein Agent, Freund, Berater. Vielen Dank für deine Zeit, deine Hilfe, deine Hingabe und dass du an mich geglaubt hast. Du bist wirklich einzigartig.

Alle bei Kyle Cathie: Die unglaubliche Danielle – niemand ist besser in seinem Job als du. Muna, die auf mich gesetzt hat. Die unheimlich talentierte Kate Whitaker, ein Genie, mit der man einfach traumhaft zusammenarbeiten kann. Und wer könnte Lizzie vergessen, meine Lebensmittelstylistin und Freundin? Du bist einfach klasse! Falls mal jemand Multitasking lernen muss, sollte er bei dir Stunden nehmen.

Nochmals vielen Dank an meine Familie und Freunde (Hannah, Carly, Rosie und Katie) – sie brächten mich um, wenn ich sie nicht irgendwo erwähnen würde. Ich liebe euch.

Seht ihr, Mum und Dad, die Ausbildung in der Privatschule war doch nicht ganz umsonst. Ich habe euch beide so lieb!

Und Claire, ich hoffe, du hast viel Freude daran, Oliver mit diesem Buch das Kochen beizubringen.

Ich hoffe, ihr alle habt beim Lesen dieses Buches so viel Spaß, wie ich beim Schreiben hatte!

REGISTER